U0815096

博瑞森图书 BRACE

企业阅读 本土实践

成为资深的销售经理

B2B　工业品

陆和平◎著

企业管理出版社
ENTERPRISE MANAGEMENT PUBLISHING HOUSE

图书在版编目（CIP）数据

成为资深的销售经理：B2B、工业品／陆和平著．—北京：企业管理出版社，2017.1
ISBN 978-7-5164-1388-3

Ⅰ．①成…　Ⅱ．①陆…　Ⅲ．①企业管理－销售管理　Ⅳ．①F274

中国版本图书馆CIP数据核字（2016）第266952号

书　　名：成为资深的销售经理：B2B、工业品
作　　者：陆和平
责任编辑：张　平
书　　号：ISBN 978-7-5164-1388-3
出版发行：企业管理出版社
地　　址：北京市海淀区紫竹院南路17号　邮编：100048
网　　址：http：//www.emph.cn
电　　话：总编室（010）68701719　发行部（010）68701816
编辑部（010）68701638
电子信箱：qyglcbs@emph.cn
印　　刷：三河市文阁印刷有限公司
经　　销：新华书店
规　　格：170毫米×240毫米　16开本　16.25印张　190千字
版　　次：2017年1月第1版　　2017年1月第1次印刷
定　　价：88.00元

版权所有　翻印必究·印装有误　负责调换

导　言

你是一个成功的销售人员，就一定是一个成功的销售经理吗？

答案是否定的。销售人员管理客户，销售经理管理人，从技能上看两者有本质的区别。

最大的问题不在于缺乏管理技能，而在于很多从业务岗位提拔到管理岗位的销售经理并没有完成角色的转变，他们内心深处还是把自己当作销售人员而不是管理者。在实际工作中，他们首先想到的是如何搞定客户而不是搞定自己团队的成员，再加上缺乏必要的管理技能，其结果则显而易见。

因此，有必要提升销售管理者的管理水平，掌握销售管理的每个环节，使各个环节的运行精细化、规范化、科学化。这是企业应对未来更大挑战的出路和选择。

销售管理，主要是抓好六个关键点。

销售管理泰斗罗伯特·卡尔文认为，销售管理应该被看作是一个流程，计划 P、组织 O、领导 D、控制 C 是管理的一个闭循环，这一流程的各个环节都有影响业绩的关键控制点，这些关键点分别是：目标计划、人员招聘、培训指导、有效激励、监督管理、绩效面谈。当销售经理要根据这六个关键点建立标准化的管理模型、工具和方法时，将会真正实现销售管理从粗放向精细的转变，就能应对未来任何环境的挑战，大幅度提升销售团队的绩效。

本书不仅提供了建立科学的销售管理流程及模式的框架，还将提供切实可操作的工具及管理表单，这将有效地帮助销售管理者或潜在的销售管理者重新认识与定义销售管理的内涵，把握成功的销售管理的六个关键点，快速找到影响自身绩效的短板，培养销售管理的高效方法、技术及艺术。关键是这些方法和技术接地气，可以在实际工作中被直接运用，从而使您获得意想不到的收获。

本书的内容也围绕“销售管理的六个关键点”一一展开。

第一章：销售管理的关键控制点——从销售到管理者，从理念上完成角色转变的必要性和重要性。

第二章：销售目标与行动计划——如何根据公司总体目标进行目标分解并制定切实可行的行动计划。

第三章：销售人员聘用艺术——不凭感觉而是以结构化的面试技巧，找到合适的销售人员。

第四章：销售监督和行为驾驭——学习销售监督的四种方法，及时纠正销售人员的行为。

第五章：定期销售绩效考评——考评的重点是评，掌握与下属绩效面谈的方法和技巧。

第六章：以业绩为导向的培训指导——成为下属的导师和教练，帮助他们成功意味着你的成功。

第七章：销售人员的激励——洞察下属内心的渴望，驱动销售人员奋勇前行。

附录：销售管理问答。

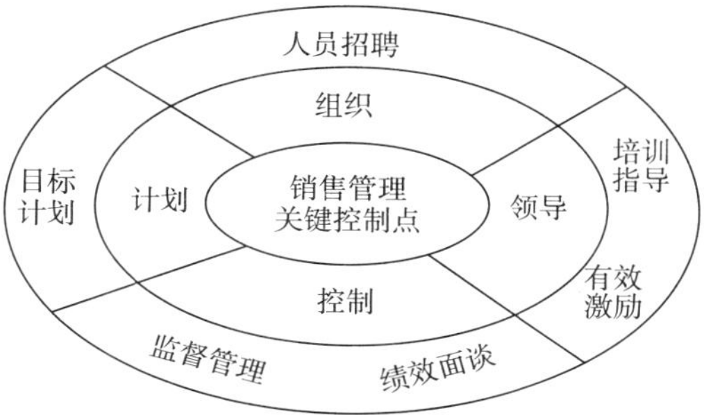

销售管理的六个关键点

本书的阅读对象：

本书适合的阅读对象是 B2B 行业——工业原料和原材料行业、大中型设备行业、建材和装饰材料行业、汽车和汽配行业、电气和自动化行业、IT 信息行业、工程机械行业、移动通信等带销售团队的销售主管、销售经理、大区经理，消费品和耐用消费品等行业也可以参考。此外，本书还配有 PPT 投影片、测验题、练习和案例，可以作为企业的培训教材使用，适合营销自由讲师、企业内部讲师或销售总监等高层作为培训教材之用。如需要这些教材的电子版，请关注微信公众号“B2B 销售微课堂”。

前　言

为什么要写这本书？

几年前，我看到天涯社区上有人发了一个求助帖子，原文如下：

先介绍一下自己。我2004年大学毕业，一直从事销售工作，做过信用卡销售、拓展培训销售、内训销售，带过兼职大学生团队，如今在4S店做销售经理。

这也是我第一次接触汽车领域。这是一家新开的汽车4S店，所有人员都是新招聘的，销售顾问有8个人，只有1个人之前接触过汽车销售，其他人的工作经验都不太丰富。我和这些新人一起进入公司培训1个多月，培训结束后，公司领导任命我为新店的销售经理。

在培训期间，我和同事们交流得比较愉快，虽然公司没有公布我的身份，但大家已经默认我为经理，氛围比较融洽。直到新店开业，我正式担任销售经理，问题和矛盾层出不穷，我恳请各位高手支招儿。

自我评价：我是一个乐观向上、幽默调皮的30岁男人，自从担任经理以后，公司给我的压力增大了，给我的指标一下子压了下来，我对同事似乎苛刻起来，我私下问过某些同事，他们说我官相太足了，教育他们太多了。我本身不是这样的，我做销售人员的时候非常开朗，但现在为何如此压抑？或许是因为我对这个行业不熟悉，很多业务技能、业务流程不能指导他们造成的。

我也不知道自己怎么了，当经理和销售人员之前和他们的关系完全颠倒了。是我太把自己当回事了吗？某天晚上，我把他们留到7点多，有的人直接走了，这对我的权威是极大的挑战。我在问自己：是对他们的要求太多了，还是怎么回事？我真的很迷惑，该如何改变当下的局面，如果能给一些建议和指导，本人不甚感激。

据说，中国大陆从事销售工作的人有5000－8000万。我敢说：销售职业绝对是中国现阶段从业人数最多的职业之一。那么，8000万销售人员需要多少合格的销售主管、销售经理、大区经理和销售总监自然就不用说了，问题是有多少顶着销售经理头衔其实并不具备管理团队的能力。他们是被赶鸭子上架，提拔他们主要因为个人销售业绩出色，而对其是否具备管理能力和管理潜力则很少关注。

最糟糕的结果是，把一个骨干提拔起来，部门整体业绩不仅没有提高，就连骨干自己的业绩也下滑。也有人在实践中摸索着前进，从战争中学习战争听起来有道理，但当销售管理者把企业当成管理实践的练习场的时候，带来的风险是很大的，而且随着其领导职位的提高，其危险性也随之提高。管理上真正做到无师自通的极少，销售团队有点像足球队，销售人员就是球队队员，销售经理就是球队教练，一个优秀的足球运动员自动成为优秀的教练员的情况非常少。

当经济上行需求旺盛的时候，粗放式管理，甚至是错误的管理方式也被业绩所掩盖；一旦经济大环境不景气，这种粗放式的销售管理模式就会暴露出太多的问题，导致公司经营雪上加霜。可以预见：未来的竞争环境只会愈来愈激烈，企业对销售管理者的要求也会愈来愈高，如果销售经理不提升自己的管理技能，迟早会被市场所淘汰。拿破仑说过：“一只狮子率领的一群绵羊可以打败一只绵羊率领的一群狮子。”“是给猪装上能飞翔的翅膀，还是继续做那个风口上的猪”，是生存还是死亡的选择，相信绝大部分企业的销售领导人会选择前者，这也是作者为什么要写本书的原因。

陆和平

2016 年 8 月

目　录 | Contents

第三章　销售人员聘用艺术

第四章　销售监督和行为驾驭

第一章

Chapter 1

销售管理的关键控制点

第一节　中国销售管理的现状

中国经济的高速发展催生出一个庞大的销售队伍，相应的也对管理销售队伍的销售经理有了巨大的需求。事实上，很多实战派的销售经理并没有多少管理经验，只是销售业绩突出被快速提拔到了销售领导岗位，还处于做计划“拍”脑袋、表决心“拍”胸脯、派任务“拍”肩膀、出问题“拍”桌子的粗放管理阶段。对企业来说，这样的粗放式管理将带来很大的风险和损失，相比一个不合格的销售人员给企业带来的风险，一个不合格的销售管理者带来的风险更大，而且随着其领导职位的提高，危险性也随之增大。

在中国存在大量的以销售为导向的中小企业，其企业的创始人往往是销售出身，凭着过人胆识和对市场机会的洞察和把握，在创业初期获得了成功。但随着市场环境的不断变化和企业规模的不断扩大，原来单打独斗的经验无法适应日益庞大的销售队伍的管理。由于先前的成功导致企业创始人过分自信，听不得别人的意见，又由于其对企业发展方向的决策具有决定性的作用，创始人对企业的危害比职业经理人更大，糟糕的销售管理甚至会给企业带来灭顶之灾。

中国还有多少习惯于“四拍”的草莽销售经理

2012 年，我遇到民营企业家张总。当时由于国家宏观政策原因，其所处行业爆发式增长，经过短短 3 年时间，张总就把企业的销售额由 200 万元发展到 2500 万元。当时张总踌躇满志，除了新建厂房提高生产能力外，还不断扩张销售团队，其销售队伍一度达到 100 人。张总不无得意的对我说：“我们的生产能力和销售人员是为未来三年内销量达到上亿规模准备的。”我提醒他，销售队伍的规模与生产规模不同，存在规模无效益，管理 10 个人左右的团队与管理 100 个人的团队，管理难度不可同日而语，关键是能找到称职又忠心的销售经理，同时销售人力成本也是很大的负担。张总得意的对我说：“这个问题不难解决，我准备实施大包干制度，提高提成比例，销售人员只发底薪，销售费用将来也要在提成中扣除。销售人员自我管理，上下班考勤、出差都不干涉，高提成可以提高销售人员的积极性。我是不见兔子不撒鹰，对于做的差的业务员，最多损失底薪。”

1 年后，我再次遇到张总，他显然没有以前那样意气风发了，而是一脸疲惫，陷入很大的麻烦中。张总向我透露了他 1 年来所遇到的几件烦心事：一位颇有开拓及沟通能力的销售功臣突然离职投奔另一家竞争对手公司，不但让销售工作大受影响，而且还使以前的客户纷纷“倒戈”，不再购买自己的产品，其余的销售人员基本上身在曹营心在汉。受利益驱动，优质客户不在自己公司做，却放在其他公司做，飞单现象非常严重。用一些信誉差的客户应付公司，导致公司应收账款大量增加。对此，张总却无能为力，因为客户资源都掌握在销售人员手里，公司并不清楚。更糟糕的是，国家宏观经济状况没有前几年好，公司销售业绩不但没有上亿反而连去年的规模都难以达到。为新建厂房向银行贷款需要偿还的利息和本金把张总压得喘不过气来，没有办法，只能把开工不足的新建厂房低价转让以解燃眉之急，距离公司破产只是一步之遥。

销售团队管理是企业管理的一部分，既然同是管理就有其内在的规律性，只有掌握管理的方法论、模型、工具，才能避免犯不必要的错误。那种靠在黑暗中摸索，以不断犯错的教训来积累管理经验的做法，成本是相当大的。当外部环境良好、需求旺盛的时候，可以掩盖这些错误带来的负面影响，一旦外部环境恶化，这些错误就可能给企业带来灭顶之灾。因此，作为销售领导，必须掌握和学习如何管理一个销售团队的本领。

第二节　销售管理的观点和销售经理的角色

一、销售管理的 PODC

既然销售管理对企业如此重要，那么什么是销售管理，销售管理包括哪些内容呢？

德鲁克说："管理就是界定企业的使命，并激励和组织人力资源去实现这个使命。界定使命是企业家的任务，而激励与组织人力资源是领导力的范畴，二者的结合就是管理。"

所谓管理就是指通过计划 P、组织 O、领导 D、控制 C 等手段，利用人力、物力、财力等资源，以期高效达到组织目标的过程。PODC 也是一个闭循环，从计划、组织、领导到控制是一个不断重复的过程，从而把管理不断向前推进。销售管理作为管理的一个分支，与管理有共同的地方也有其特殊性，管理中的 PODC 在销售管理中有其特定的意义。

计划：确立目标和达到目标的步骤——制定销售目标、分解、行动计划。

组织：为实现目标而建立与协调组织结构——建立销售组织架构和销售人员的招聘体系。

领导：指导和激励各类人员实现目标的过程——培训和指导销售人

员、有效激励。

控制：进行差异分析，采取纠偏措施——日常管理和检查、销售人员的绩效面谈。

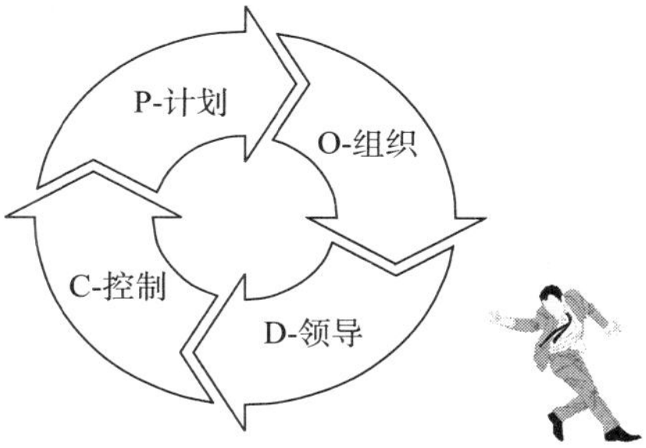

销售管理的 PODC

销售管理的层次不同，其管理的侧重点也有所不同。对于基层销售管理人来说，如销售主管、城市销售经理等，其主要的管理重点是领导和控制，即下属的培训、激励、日常管理、绩效面谈等是其工作重点。对于中层领导者来说，如大区经理，其工作重点是领导和计划，即培训和激励下属、制定目标和行动计划，以及达到目标的有效工具——流程和方法。对于高层销售领导人来说，如销售总监、销售总经理等，其工作重点是计划和目标，包括市场分析、销售目标确定、销售策略、配备的资源，包括人力和物力资源等。

各层次管理者侧重点

<table>
<tr><th>基层管理人员</th><th>中层管理人员</th><th>高层管理人员</th></tr>
<tr><td>计划</td><td rowspan="2">计划</td><td rowspan="3">计划</td></tr>
<tr><td>组织</td></tr>
<tr><td rowspan="2">领导</td><td>组织</td></tr>
<tr><td rowspan="2">领导</td><td>组织</td></tr>
<tr><td rowspan="2">控制</td><td>领导</td></tr>
<tr><td>控制</td><td>控制</td></tr>
</table>

二、销售管理的三个重要观点

销售管理泰斗卡尔文认为，销售管理有以下三个观点。

观点一：销售经理的工作是通过管理销售人员完成公司目标。

观点二：销售经理的成功取决于团队的成功。

观点三：销售人员表现差是因为销售经理管理水平差。

杰克·韦尔奇曾经说过："在你成为领导以前，成功只与自己的成长有关。当你成为领导以后，成功都与别人的成长有关。"销售经理在成为领导人之前，绝大部分是普通的销售人员，他们只需要通过销售业绩就可以证实自身的价值。当你成为销售领导人之后，帮助团队成员实现公司业绩目标，才是证明领导人价值的唯一标准。换句话说，销售人员是管理客户的（管事），而销售经理是通过管理销售人员来管理客户的（管人）。

相信对于前两个观点，大部分读者都会赞同，但对于第三个观点，恐怕会有相当一部分读者持怀疑的态度。销售管理者很委屈：业务员素质这么差，我有什么办法。但是销售管理者最主要的任务就是找到合适的销售人员，再通过日常管理的检查、培训、激励达到组织目标的过程。业务员素质差只能说明销售管理者没有能力辨别什么样的人适合销售岗位，或者根本没有意识到招聘销售人员是销售管理者的主要工作职责，而推给公司人事部门全权代理。暂时不合格的销售人员如果没有通过培训和指导，而让其在市场上自生自灭，仍然是销售经理的失职。一些原本有能力的销售人员由于没有日常管理检查和激励，使销售团队失控或士气低落，这更是销售管理者不可原谅的错误。

另外，当前销售管理者面对的现实是：优秀的业务员早已被提拔为一线管理者；如果得不到提拔，早就跳槽了；特别差的业务员早已被淘汰，那么剩下的是什么？要么是新手，要么业绩是平平的业务员，这就是我们必须要面对的现实。彼得·德鲁克曾经说过："今天的组织需要的是由一群平凡的人做出不平凡的事。"

如果只有一名员工素质不高，可能是员工的责任；如果所有员工的素质都不高，一定是管理者的责任。作为销售管理者，如果你的团队没有达到公司的业绩目标，不能说你的团队不行，而是跟你这个领导人有百分之百的关系，你负有不可推卸的责任。因为你没有选择对的销售团队的成员，作为领导人没有制定正确的策略与行动计划，也没有花时间培训和指导下属，同时也没有激励团队成员，或者在团队成员行为、结果出现偏差的时候没有及时发现与纠正。

三、销售经理的六个角色

据统计，几乎所有被提拔到领导岗位的销售经理，被提拔的主要原因是其作为一个销售人员的销售业绩出色，而对其是否有管理能力和管理潜力则很少关注。一般人认为：你不是成功的销售人员吗，你肯定不会是一名称职的销售经理。我并不完全同意这个结论，如足球运动员会接受一个从未踢过足球的人做他们的主教练。但反过来说，你是一个成功的销售人员，就一定是成功的销售经理吗？答案也是否定的。销售明星不等同于合格的销售经理，销售人员是管事（客户），而管理者是通过管人达到理事的目的，两者有本质的区别。

很多从业务岗位提拔到领导岗位的销售经理并没有完成角色的转变，他们从内心深处还把自己当作突击队员，而不是指挥员。在实际工作中，他们首先想到的是如何搞定客户而不是搞定自己的团队成员。与下属共同拜访时，销售经理口若悬河、滔滔不绝，讲得客户频频点头，销售代表在旁边无所事事、百无聊赖。所以，经常是销售经理忙死，业务员闲死。最糟糕的是顾此失彼，公司把一个销售骨干提拔起来，部门整体业绩不仅没有提高，就连骨干自己的业绩也出现下滑。

这年头，优秀足球运动员自动成为优秀教练员的情况非常少，同样，优秀的销售人员也不会自动成为合格的销售经理，一些销售经理只不过是得到晋升，但在管理上表现糟糕的高级销售人员而已。要成为合格乃至出色的管理者，不但要完成内心角色的转变：从一个一线销售人员变成一个猎头——招聘团队成员、指挥员——制定目标和策略、督察员——日常监控、拉拉队队长——激励销售人员、教练——指导下属，需要从零开始，学习作为一个管理者必须掌握的技能：如何制定目标与行动计划、人员招聘技巧、如何培训员工、有效激励下属的方法、日常管理的手段、绩效面技巧谈。尽管了解如何销售可以帮助销售经理发挥自己的作用，但是销售经理的角色和需要掌握的技能中无一个与实际销售有关。

销售经理的工作是建立一个团队，管理这个团队并让团队富有效率和战斗力，最终完成公司给予的目标。当然，你偶尔可以客串一下突击队员，尤其是一线的管理人员，可能还要背负一定的业绩指标和任务。但重点应该是针对关键客户的销售或关键时刻的销售，例如在与大客户谈判的最后阶段出马，或最后一刻团队业绩无法完成要冲刺销量的时候出马。

销售经理的六个角色

第三节　销售管理的六个关键点

销售管理泰斗罗伯特·卡尔文认为，销售管理应该被看作是一个流程，计划 P、组织 O、领导 D、控制 C 是一个闭循环，这一流程的各个环节都有影响业绩的关键控制点。它们分别是：P——目标计划，O——人员招聘，D——培训员工、有效激励，C——日常管理、绩效面谈。针对这些关键控制点建立标准化的管理模型、管理工具和方法，使各个环节的运行精细化、规范化、科学化。真正实现销售管理从粗放向精细的转变，将会大幅度提升销售团队的绩效。

经济危机让粗放式的销售管理模式暴露出太多的问题，如何实现从销售精英到合格管理者的转变，除了从思想上完成向管理角色的转变外，销售经理掌握针对目标计划、人员招聘、培训员工、有效激励、日常管理、绩效面谈六个关键点的管理方法和工具，是最有效的解决之道。面对未来越来越严峻的市场环境，有必要提升销售管理者的管理水平，使销售管理的每个环节运行精细化、规范化、科学化，这也是企业应对未来更大挑战的唯一出路和选择。

仔细想一想，销售管理的六个关键点和销售管理方法，与你如何搞定客户的销售技巧没有直接关系。所以，你是一个出色的销售人员不代表你是一个成功的销售经理，如果你从来没有做过销售人员，可不可以成为一个合格的销售经理呢？我的观点是，基层销售经理与你的销售实战经验会有一点关联，但更高层次的销售管理者关联就小很多，因为他们的工作重点主要是计划和目标，其中包括市场分析、销售目标确定、销售策略、配备的资源，而不是主要搞定客户。

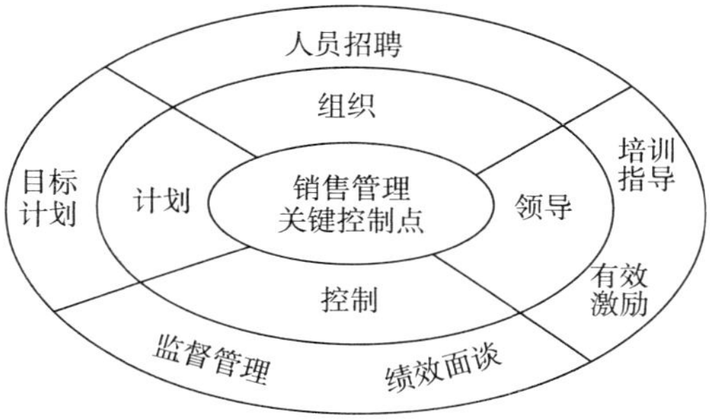

销售管理的六个关键点

第四节 B2B 行业的两种销售模式

B2B 行业的销售模式有两种：交易型销售模式和顾问型销售模式。

交易型销售模式主要考虑如何减少客户的成本及花在采购上的精力，大都是销售标准型容易替代的产品，如原料和原材料、标准元器件或零件等。客户往往是长期不间断地采购，具有持续性，采购有明确的开始时间但没有明确的结束时间。客户的采购决策流程简单，客户的采购组织也简单，参与决策人相对少一些，客户采购主要的依据是价格。

顾问型销售模式是通过销售人员的工作为客户创造价值，而不仅仅是产品本身的价值。主要是产品定制或提供解决方案，如非标设备或集成设备、企业运营软件等，客户大都是一次性采购的项目型销售，单笔金额大，有明确的开始时间和明确的结束时间。和交易型销售模式相比，顾问型销售模式中客户的采购决策流程复杂，采购周期较长，客户的采购组织涉及范围广、更复杂，参与决策人更多。

销售模式的不同，销售管理的方式也有所不同，具体到选择销售人员的标准、销售流程、日常管理、绩效考核等有很大的差异。例如顾问型销售模式对销售人员的知识、开拓和应变能力的要求要高于交易型销售模式，交易型销售模式的销售人员则更多是循规蹈矩的公司制度的忠实执行者。用一个比喻来说明：前者是时刻发现猎物的猎人，而后者是辛勤耕耘的农民。

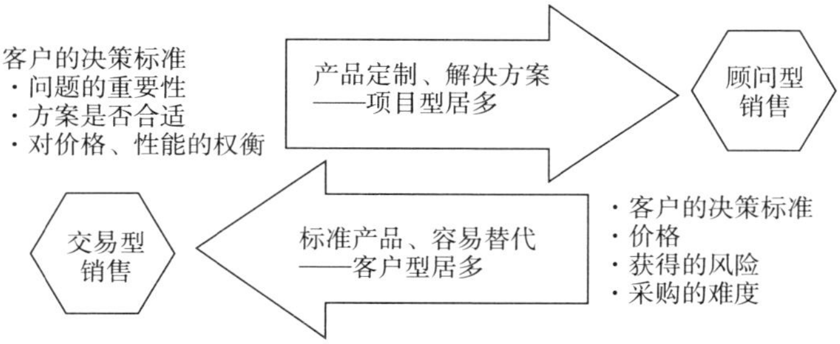

B2B 行业的销售模式

案例思考 1：

刘峰是一家工程机械企业的资深销售人员，个人业务能力较强。年初公司领导任命他为区域销售经理，并给他的区域下达了团队销售指标，这个指标大概是在去年个人销售业绩的基础上翻一番。但刘峰认为手下的销售人员基本都是新人，拿单能力比较弱，只能靠自己完成这个任务，而自己根本没有把握让业绩翻一番，况且自己还要抽出精力管理这些新人。假定你是刘峰的直接领导，你如何说服刘峰？

案例思考 2：

小张进公司三年了，因为成绩优秀最近被提拔到销售经理的职位，管理 6 个人的销售团队，手下的 6 个销售人员都是有 5 ~ 6 年成功销售经验的男性。小张的教育背景是 MBA 毕业，但她是一个不到 30 岁的女性，小张觉得管理这个团队是一个很大的挑战。你觉得小张能领导好这个团队吗？

第二章

Chapter 2

销售目标与行动计划

销售目标与行动计划自我检测

每年都是老板一句话定指标，销售目标年年攀升，说心里话根本完不成	Yes/No
销售指标分配下去很困难，每次指标分配都是与销售人员艰苦的谈判过程	Yes/No
销售有季节性，时间过半任务不一定过半，但下半年能否把上半年的缺口补上，心里没有底	Yes/No
快到年尾了，目标完成得不错，可以歇歇了，超的太多恐怕明年又要加码了	Yes/No
生产和采购部门要销售预测，我也无法提出准确的数字，只能估计，结果总是大相径庭	Yes/No

作为销售经理，如果这些问题的回答都是NO，你可以忽略本章直接进入第三章，如果你的回答大部分是YES，就很有必要跟随作者对如何进行销售目标的制定和行动计划的实施做一下研究，掌握销售管理第一个关键点的管理方法、技巧和工具。

第一节　目标的重要性

1952年7月4日清晨，加利福尼亚海岸下起了浓雾。在海岸以西21英里的卡塔林纳岛上，一个43岁的女人准备从太平洋游向加州海岸。她叫费罗伦丝·查德威克。

那天早晨，雾很大，海水冻得她身体发麻，她几乎看不到护送她的船。时间一个小时一个小时的过去，千千万万人在电视上看着。有几次，鲨鱼靠近她了，被保护她的人开枪吓跑了。

15个小时后，她又累又冷。她知道自己不能再游了，就叫人拉她上船。她的母亲和教练在另一条船上。他们都告诉她海岸很近了，叫她不要放弃。但她朝加州海岸望去，除了浓雾什么也没看不到……

人们拉她上船的地点，离加州海岸只有半英里！后来她说令她半途而废的不是疲劳，也不是寒冷，而是因为她在浓雾中看不到目标。查德威克小姐一生中就只有这一次没有坚持到底。

失去了目标也就失去了前进的方向和动力，明确的目标设定具有一种潜意识的强大能量，人一旦有了明确、清晰的目标后，潜意识就会自动地发挥它无限的能量，产生强大的推动力，并且能够不断地瞄准和修正，自然地指引我们朝着目标的方向前进。有目标的人无论是人生和工作都更容易获得成功，而没有目标的人往往一生碌碌无为，或者仅仅是为有目标的人服务。

哈佛大学有一个非常著名的关于目标对人生影响的跟踪调查。调查的对象是一群智力、学历、环境等条件差不多的年轻人。调查结果发现：27%的人没有目标；60%的人目标模糊；10%的人有清晰但比较短期的目标；3%的人有清晰且长期的目标。25年的跟踪研究结果显示：3%的有清晰且长期的目标的人几乎都成了社会各界的顶尖成功人士，他们中不乏白手创业者、行业领袖、社会精英；10%的有清晰但比较短期的目标的人大都在社会的中上层，成为各行各业的专业人士，如医生、律师、工程师、高级主管；60%的目标模糊的人几乎都在社会的中下层，他们能安稳地工作，但都没有特别的成绩；剩下的27%没有目标的人，他们几乎都在社会的最底层，都过得不如意，常常失业，靠社会救济，并常常抱怨他人、抱怨社会。

对销售经理而言，销售目标的制定和计划的实施，是其管理团队的第一个关键点，也是其必须掌握的关键的管理技能之一。销售经理如同指挥员，接受上级的命令，理解上级的意图，指挥团队向既定目标出发。销售团队没有明确的目标和方向，也就失去了前进的动力，业绩没有保障是可以想象的。但是，对中层和基层销售经理而言，除了制定目标，最关键的就是如何达到这个目标——是将领导的意图和公司的目标转化成可以实施的方案。既然目标如此重要，那么制定目标的原则是什么呢？

第二节　目标制定的原则和内容

一、目标制定的 SMART 原则

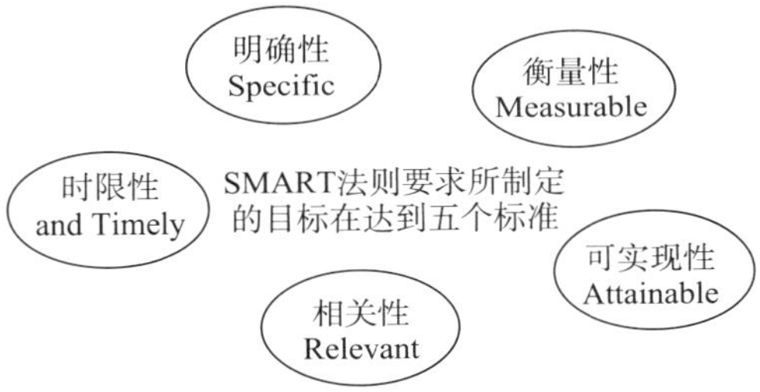

目标制定的 SMART 原则

Specific，明确性："三年内我要成为一名管理者。"这个目标不具体，具体是指要成为什么样的管理者：销售主管、大区经理还是销售总监。

Measurable，衡量性："我要在三年内赚很多钱"的目标无法衡量，可衡量是指要挣 1 万元、10 万元、100 万元还是 1000 万元。

Attainable，可实现性："我要在去年的基础上将销量增加 10 倍，"如果没有市场爆发式增长，目标明显太高了，显然无法达到，失去了目标的意义。

Relevant，相关性：“我要在三年内结婚，”如果是个人目标，是可以的。如果你制定的是工作目标就不相干了，个人结婚和完成公司业绩没有必然联系。

Time-able，时限性：“我要赚100万元，”目标没有时间限制，应当说在30岁时赚足100万元，还是在80岁时赚足100万元。

销售目标也一定是具体的、可衡量的。也就是目标能够量化和数字化，多少销售额、回款、利润率、客户满意度等，所有目标能量化的必须量化，尽量剔除不能量化的指标。例如提升品牌在区域内的知名度和美誉度，这样的目标显然过于宽泛，无法被衡量，不能被有效地执行。

可达到的是指经过努力和资源配置是可以达到的，遥不可及的销售目标只会让员工丧失信心最终放弃努力，使目标管理流于形式。最糟糕的是上司还要威胁下属，无法完成目标将有严重后果。我有一位朋友在一个公司干了20年，做到了大区经理的位置，最近跟我说打算年底辞职。我问他为什么？他说来了一位新的总监，今年的任务要增长70%，如果完不成要向他的团队鞠躬说“对不起”。但这样的目标显然是做不到的，他也不愿意受此屈辱。

相关性是指目标之间的逻辑关系，如新客户开发数量、客户满意度等和销售额之间是有逻辑关系的。无相关是指如果实现了这个目标，但对其他的目标完全不相关，或者相关度很低，这个目标即使达到了，对其他目标的意义也不大。例如提高销售人员的幸福指数与销售目标的实现相关度就很低。

销售目标当然是以时间为基础：1年的销售目标分解到每个季度，再分解到每个月。如果是公司层面的战略目标，时间跨度更长，3年甚至10年。

二、销售目标内容

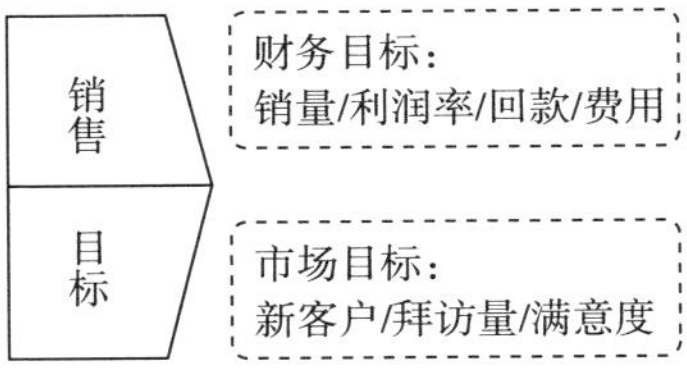

销售目标内容

销售目标内容可以分为财务目标——销量（额）、利润率、回款、销售费用等，市场目标——新客户开发、客户拜访量、客户满意度等。其中，财务目标是短期目标，是企业需要解决的当下生存问题。市场目标是长期目标，不会对当下的业绩有立竿见影的影响，但现在不做，企业就会后劲不足，或未来有大麻烦。例如，一个销售人员被派到一个地区后，马上签了一个大合同，那么这个合同签订成功很有可能是“前人栽树，后人乘凉”，因为前一个销售人员做了大量的铺垫工作。有些业务员的业绩并不是完全取决于自己的努力程度，还要受其他因素，如企业长期投资的品牌影响力、企业对市场的政策支持、区域市场本身的潜力等影响。

因此，公司的长期和短期目标需要合理的平衡与结合，一味强调短期目标忽略了长期目标都是对企业未来的透支和伤害。一些业务员只注重自己的短期利益，不会过多地做基础性工作，而是利用一些不正当的推销手段，结果导致企业在某一时期某一地区的业绩上升很快，但没过多久，整个地区的业绩又下降了，无形地给竞争对手创造了条件。例如，有些销售人员不是想办法帮助经销商销售产品，而是要求经销商压货，同时给客户许诺根本不能满足的条件，当经销商的仓库堆积如山的时候，其实就是在透支明年的销量。

济南历城区薛某购买某品牌挖钻机后，发现自己并未提供银行按揭贷款的许多材料，签名也非本人所签，属该品牌济南分公司伪造。而机器工作125小时后出现故障，厂家不仅未及时维修，还暴力抢走机器，被媒体曝光后导致该品牌的声誉受到很大伤害，透支的是企业的未来。

惠普公司销售部门以三大少数关键性目标作为销售目标。其中，销量和成本控制是财务目标，例如总销售额、不同产品线的销售额和销售费用占总销售额的百分比等，主要是考核部门当年的业绩。而市场发展是市场目标，例如客户满意度、拜访过的潜在客户数目、开发新客户的成功率等，主要是为了惠普销售的延续性和发展性，不一定对当年销售额有直接的影响，但对企业的未来销售业绩有影响。一般来讲，企业规模越大，对市场目标的重视程度越高，考虑的是未来若干年甚至十多年的发展，当年是否盈利也许不太重要。而小规模企业更多考虑的是财务目标：销售额、利润、回款，毕竟生存才是硬道理，没有当下哪有未来。因此，每个企业都要根据自己的实际情况，制定可行的销售目标。

惠普的衡量样本（行销/销售业务）

少数关键性的目标	衡量
销量	总销售额
	不同产品线的销售额
	平均每个客户的销售额
市场发展	订单与计划之比
	调查数据所显示的客户满意程度
	客户数目
	不同产品线新客户数目
	目标客户的销售百分比
	新发现的潜在客户数目
	拜访过的潜在客户数目
	开发新客户的成功率
成本控制	行销费用占总销售额的百分比
	与行销预算的差距

××公司 2016 年度销售目标

<table>
<tr><td>责任人姓名</td><td></td><td>责任人职位</td><td></td></tr>
<tr><td>目标责任时间</td><td></td><td>主管经理</td><td></td></tr>
<tr><td>销售区域描述</td><td colspan="3"></td></tr>
<tr><td>针对客户群描述</td><td colspan="3"></td></tr>
<tr><td colspan="4">财务指标部分</td></tr>
<tr><td>项目</td><td>订单总额</td><td>回款总额</td><td>销售费用</td></tr>
<tr><td>产品 1</td><td></td><td></td><td></td></tr>
<tr><td>产品 2</td><td></td><td></td><td></td></tr>
<tr><td>产品 3</td><td></td><td></td><td></td></tr>
<tr><td>合计</td><td></td><td></td><td></td></tr>
<tr><td colspan="4">市场指标部分</td></tr>
<tr><td>项目</td><td colspan="2">内容</td><td>衡量标准</td></tr>
<tr><td>新开拓行业</td><td colspan="2"></td><td></td></tr>
<tr><td>首次订单客户数</td><td colspan="2"></td><td></td></tr>
<tr><td>客户抽样满意度</td><td colspan="2"></td><td></td></tr>
<tr><td>备注说明</td><td colspan="3"></td></tr>
</table>

第三节　如何确定销售目标

一、制定销售目标的程序

恐怕中国的大部分企业是老板一句话定销售指标，但这样单方面自上而下的指标，由于销售人员未充分参与，销售管理层也只是简单的目标分解，甚至还在公司目标的基础上加点安全系数，销售人员心里往往有抵触，不认同或把目标当成无法完成的任务，仅仅在上司的高压下勉强接受。当目标没有实现时，销售人员不会说他的努力不够，而是会辩解公司的目标不合理。因此，为避免这样的事情发生，销售目标确定应当是自上而下同时也是自下而上的，经过上下充分沟通和讨论而产生的大家都能接受的数字。

所谓自上而下就是指企业最高领导人根据股东价值、营业额增长、市场份额、现金流量、税前利润、投资回报等确定销售目标，其中，目标一般还分为理想目标、力争目标和必保目标。理想目标就是董事会最好的预期或公司需要上市的要求；力争目标则是指整体市场平均的增长率或标杆企业的增长率，如果这个目标没有达到，公司的市场份额其实是在不断地缩小；必保目标则是保证公司运营所能容忍的最低目标，低于这个目标，企业会有大麻烦。

所谓自下而上的过程是指销售人员根据销售趋势、公司内部变化、竞争对手变化、顾客的变化、市场的变化等因素确定销售目标。这促使销售人员需要对客户和竞争环境有更深的了解，以提高目标预测的准确性，如果销售人员在讨论时说不出顾客和竞争对手的变化，那也说明该销售人员的工作有问题。同时，销售人员积极参与目标制定，可以使其更认可预测的结果并为此负责。

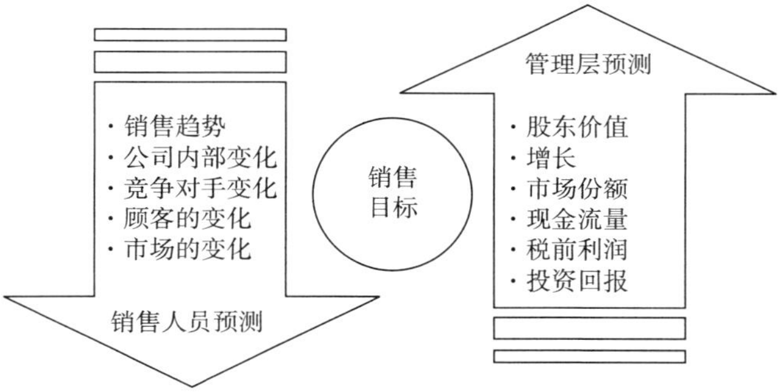

销售目标预测

作为销售部门的主管，要积极配合、正确对待最高管理层下达的目标，尤其忌讳在下属面前发牢骚，不要忘记自己也是管理的一分子。作为一个承上启下的销售经理，即使内心不信，也要在下属面前装成信的样子。同时，销售管理者要学会找到一个折中方案，如果最高管理层需要更高的目标，或者销售经理感觉无法达到公司的要求，销售管理者也可以去争取更多的资源。目前的情况下还需要增加哪些人手、需要多少预算和费用，这些都是销售经理应该考虑的事情，目标不是说拍脑袋定就能实现的，想要有多少产出就需要多大的投入和付出。给下属设置了很高的目标，却不提供相应的资源支持，结果目标没有完成，还责罚下属、怪他们执行力不够。这种错误不在员工，而在管理者，因为管理者的职责是帮助下属实现目标。

一天，财主派一名长工去买酒，可是又不给长工买酒的钱，长工感到莫名其妙，便问道："老爷，没有钱怎么能买到酒呢?"财主怒道："花钱买酒谁不会？要是你能不用钱就买回酒，那才是有本事呢!"财主分明是要长工自掏腰包买酒给他喝，于是，长工一言不发地拿着酒瓶出去了。时间不大，长工拿着空瓶回来，他走到财主身边说："老爷，酒买回来了，你慢慢喝吧。"财主拿过酒瓶一看，顿时大发雷霆："岂有此理，你是怎么给我办事的？酒瓶空空，叫我喝什么？当心我扣你一半的工钱!"长工不慌不忙地说道："老爷，酒瓶里有酒谁都会喝，你要是能够在空瓶里喝出酒来，那才是真有本事呢!"

解读：财主让长工去买酒，可以看作是实现一个目标，而买酒需要的资源是钱。在没有得到财主资源支持的前提下，长工是无法完成财主交给的目标的。所以，我们在制定目标时，绝对不能像那个财主那样，否则不仅绩效目标无法实现，还将影响团队的凝聚力。

二、制定目标的依据与方法

目标高了压死人，目标低了养懒人。制定目标的依据是什么？无论是自上而下还是自下而上的选择，销售目标的确定都有一些具体的方法。销售目标确定的方法一般有销售趋势、销售漏斗、市场份额、投资回报等方法。其中，市场份额就是根据本企业未来的市场份额确定销售目标。例如，明年整个市场容量假定是10亿元，本企业需要占据30%的市场份额，则该企业明年的销售目标就是3亿元。而投资回报法指的是以企业将获得多少的投资回报来确定销售目标。例如，公司预计明年要获得毛利6000万元，如果行业的平均毛利率是20%，那么企业必须完成3亿元的销售目标才能满足公司的利润要求。一般而言，市场份额、投资回报是企业高层和老板制定目标的方法，是自上而下的方法；销售趋势法、销售漏斗预测是自下而上的方法，也是销售人员预测销售目标的方法。接下来我们重点讨论。

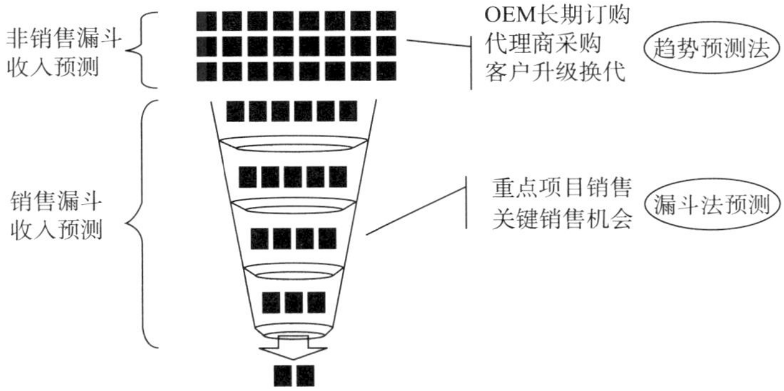

制定目标的依据和方法

（一）销售趋势法

主要适合有持续订单的大客户模式。销售趋势法就是根据市场增长率或标杆企业的增长率来确定销售目标，同时考虑公司现有状况和由销售人员提供可能或已经影响（正面的或负面的）公司现有最重要的客户销售收入或利润的变化因素。

（1）公司内部变化包括人员变化、激励政策、新产品上市、价格体系的变化等对业务的影响。

（2）竞争对手的变化包括其人员变化、激励政策、新产品上市、价格体系的变化等对业务的影响。

（3）客户的变化包括是否有叛离、破产、扩大生产规模、新建厂房、特大订单等。

（4）商业环境和市场变化对业务的影响，是否发现空白市场或外部经济环境的好转或恶化等。

除了现有客户，再列出未来可能与公司有业务往来的潜在客户和潜在销售额。通过上述分析，让销售人员预测未来最好的及最差的销售结果，分析两种情形发生的概率，找到影响业绩的关键风险并制定相应的应急计划。

单单一个上游原材料的价格波动，就有可能导致销售额的上升或下降。例如，原材料铜的价格上涨导致电线、电缆产品价格同步上涨，有可能使企业销售额同步上涨。上海世博会期间，酒店的生意非常火爆，而世博会后和反腐倡廉的大背景下，高端酒店的生意一落千丈。这些非营销的因素都会影响销售目标的制定。

作为销售经理，在帮助下属进行销售预测时，不妨让他们考虑回答以下问题：

（1）下一年度的预期销售额最好是多少、最坏是多少？两种情况发生的可能性各是多少？

（2）下一年度针对每个客户/潜在客户的预期销售额是多少？

（3）下一年度针对每个产品系列的预期销售额是多少？

（4）下一年度每月的预期销售额是多少（各月应该不同）？

（5）你认为影响自己实现年度销售目标的可能因素是什么？例如流失大客户。

在准备上述信息时，请考虑以下因素：

（1）与公司相关的：新产品推出、产品改进、新的产品特色、价格上升或下降、销售区域扩大、新的推广计划、客户服务等方面的变化。

（2）与客户相关的：包括设备引进或设备扩充、新进人员、新政策、财务状况、新的产品或服务需求、新机会等方面的变化。

（3）与竞争对手相关的：包括新产品、新竞争者、价格上升、产品改进、新的产品特色、新人员、新计划等方面的变化。

（4）与所在销售区域相关的：商务环境的变化，例如新的政府规章与标准、需求发展趋势、业务周期等。

一般来说，销售人员有时可能会有意低估销售目标，但有时为了取悦领导而故意高估其销售额。因此，销售经理要与销售人员一起制定合理可行的销售目标。

销售趋势法

客户名称	去年同期销量	销售趋势%	公司内部变化	竞争对手变化	顾客的变化	商业环境和市场的变化	最好的预测	最差的预测
合计								

人员增加/奖励体系/新产品/价格变化/付款条件

叛离/破产/扩大产量/新建厂房/特大的订单

发现空白市场

两种情形的发展概率，关键性风险和应急计划

注：选择占销售80%的客户名单

（二）销售漏斗法

主要适合一次订单的项目型销售模式，是项目型销售重要的销售管理模型，通过销售阶段划分、里程碑、阶段成功率、阶段任务形成销售管理模型。当日常销售信息进入漏斗后，系统可以动态反映销售机会的升迁状态，根据销售机会在不同里程碑的成功率，就可以预测销售结果。项目型销售根据客户在采购流程中的不同阶段所关心的侧重点不同，以里程碑划分销售流程从而形成一一对应的销售流程的几个阶段。以A公司项目销售为例，其销售流程中有8个里程碑：

（1）项目立项。

（2）关键信息。

（3）方案讨论。

（4）设计指定。

（5）业主考察。

（6）参与招标。

（7）业主指定。

（8）签订合同。

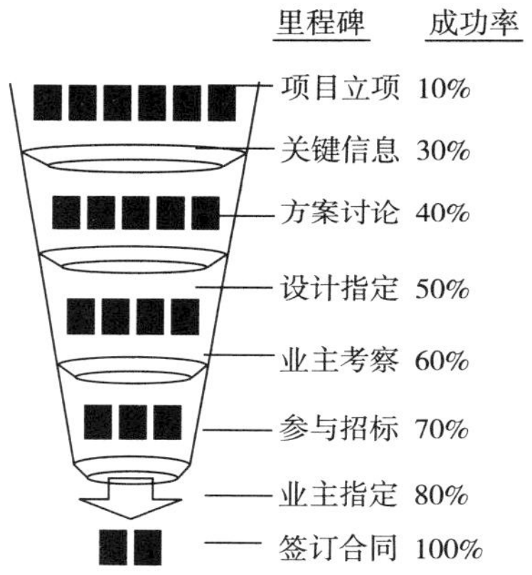

销售漏斗

通过对八个阶段中每个阶段的主要工作内容的实施和关键节点的控制，依次推进到销售流程的下一个里程碑，最终达到成功拿单的目的。

销售流程是循序渐进的向前推进的过程，不同销售阶段其销售的潜力是不同的，项目在不同的销售阶段可以计算的销售额是不同的。在漏斗的底部接近签订合同的成功率应大于刚刚进入漏斗顶部的项目立项阶段的成功率。据此，如果企业的销售模式主要是项目型的，根据处于不同里程碑的项目销售总额和各阶段成功率相乘，就能够预测未来的实际销售额。

A 公司某区域预测项目销售额，八个销售阶段里，每一个销售阶段的阶段成功率是不同的，是逐步提升的。例如在第一阶段只是 10% 的成功率，而在合同签订阶段则几乎是 100% 的成功率。如果所有的销售机会都在计划年度内实现，28 个销售机会、1750 万元的销售额最终只能预计实现 930 万元。关于销售漏斗在管理中的应用，我们还会在“第四章　销售监督和行为驾驭”以及“第六章　以业绩为导向的培训指导”做进一步的阐述。

A 公司某区域项目销售额预测表

里程碑	成功率	项目数量（个）	销售总额（万元）	预计销售额（万元）
项目立项	10%	6	300	30
关键信息	30%	4	250	75
方案讨论	40%	3	150	60
设计指定	50%	6	500	250
业主考察	60%	2	200	120
参与投标	70%	2	100	70
业主指定	80%	3	150	120
签订合同	100%	2	205	205
合计		28	1855	930

还是以 A 公司某区域为例，假如该区域的销售目标是 1500 万元；项目销售额预计实现 930 万元；OEM、代理商预计实现 400 万元；因此，该区域尚有空缺 170 万元。那么，假定空缺部分需要更多立项项目来填补：170/62. 5 × 10% ＝27. 2。

注：62. 5 是平均销售规模，10% 是项目立项的成功率。

结论：为实现销售目标，还需要28个新的立项项目。

如果销售经理感觉目前的团队和手中的资源无法实现28个新的立项项目，可以有依据地向公司或上司争取更多的资源——需要增加多少人手、需要多少预算和费用。以这样的方式提出要求，相信老板同意你的请求概率是比较高的。

第四节 销售目标如何分解

美国科学家曾经做过一组实验：将30个人分为A、B、C三组，让他们分别走到50公里外的村子里。

A组人员：没有小目标，也不知路程有多远，不知道村庄的名字，只管跟着向导不停地走。结果，走到五分之一的距离，大家都开始叫苦；不到一半的路程，大家有些愤怒了；走完四分之三的路程后，大家都开始抱怨；走完全程，大家情绪都很低落，花费的时间是最长的。

B组人员：有大目标（知道村子名字），也知道路线和终点，但是路上没有里程碑，没有时间和速度，只根据经验估计、猜测。结果，走到一半的距离，有人开始询问；走完四分之三的路程，大家普遍情绪低落；最后大家都疲累不堪，同时路上花费的时间也是比较长的。

C组人员：不仅知道方向，还知道终点位置，路程中还有路碑，向导有手表，还知道大家行进的速度，明确剩下的距离。一路上，大家有说有笑，还有人在唱歌，大家在快乐的气氛中走完全程。结果，花费的时间是最短的，也是最快乐的一组。

这个小故事说明了一些道理。

（1）目标设计得越具体越细化，越容易实现。

（2）如果清楚知道行动目标和进展速度，人们就能自觉克服困难，努力达到目标。

（3）目标需要不断地被细化（阶段性标志、小目标）。

因此，销售目标也需要进行细化分解，除了分解的目标容易完成外，分解的目标还便于衡量员工的业绩，从而更有效地进行管理。

销售目标最常见的是按区域、销售人员和时间进行分解。按区域分解需要注意不同市场潜力和市场开发难度；按销售人员划分需要注意鞭打快牛现象。另外销售经理是否要背任务的问题，理论上来说销售经理是通过团队实现目标，但有的团队人数不多，不背任务不现实；按时间分解需要考虑销售旺季和淡季的影响，尽可能准确地预测实际的销售情况，预测过高会导致生产原材料积压、生产成本上升，预测过低会导致公司临时采购，使采购成本提高、产品供货不及时。

除了考虑淡旺季特点外，还要同时避免波峰、波谷现象，要知道大起大落的销售对企业生产的安排也是一个难题。再进一步，可以按照行业、产品和客户分解目标。一般来说，企业可以要求销售人员在完成公司整体目标的基础上再完成某些特定行业、新产品和新客户的销售目标，包含企业在这些特定项目上的倾向性，否则销售人员还是会把精力放在老客户、老产品上。

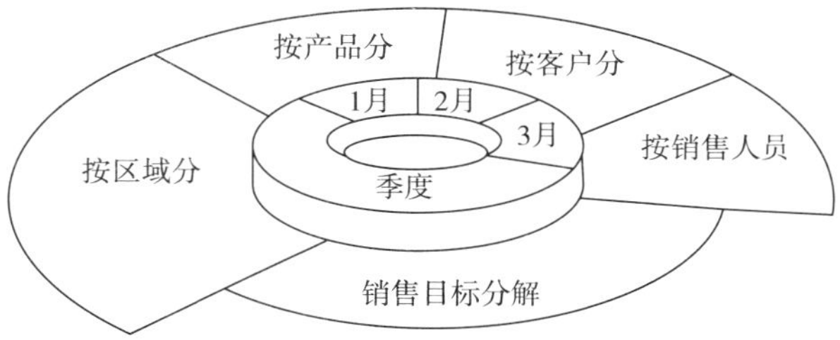

销售目标分解

上述分解目标的方法，销售经理可根据企业和实际情况做出选择，但需要注意的是，企业不要为了分解而分解。目标分解要达到的目的是什么？无目的的和无止境的目标分解是毫无意义的。对特定行业的销量要求是为了新市场开拓的需要，新产品的销量要体现公司推动新产品销售的意图。如果新产品没有单独的目标，销售人员往往会把重点放在老产品上，忽视新产品的推广。要求新客户的销量达到一定的比例，是为了避免老客户流失造成的销量下降或过于依赖原有几个大客户的风险。销售人员也可以通过目标分解来合理分配自己的工作时间，各区域之间的时间分配（重点区域和非重点区域）、新客户和老客户之间的时间分配，各产品线之间的时间分配（老产品和新产品）。下面是按销售人员和时间的目标分解表，目标按区域、行业和产品的分解表。

目标按人员和时间分解表

销售员	一季度									二季度									三—四季度		
	1月份			2月份			3月份			4月份			5月份			6月份			7—12月份		
	销售额	回款率	费用	销售额	回款率	费用	销售额	回款率	费用	销售额	回款率	费用	销售额	回款率	费用	销售额	回款率	费用	销售额	回款率	费用
张三																					
李四																					
王五																					

时间

销售员

目标按区域、行业和产品分解表

行业	国家		华东区				华南区				华北区			
	电网		电网		电源		电网		电源		电网		电源	
	特高压产品	高压产品	高压产品	中压产品	高压产品	中压产品	高压产品	中压产品	高压产品	中压产品	高压产品	中压产品	高压产品	中压产品
销售额														
利润率														
回款率														
费用														

区域

产品

第五节 基于销售目标的行动计划

销售目标就好比是你在上海，打算去北京，目标分解好比是沿途要经过苏州、常州、南京、济南……最后到达北京，而行动计划就是用什么交通工具去北京：飞机、火车还是汽车。销售目标是去哪里，行动计划是如何去。

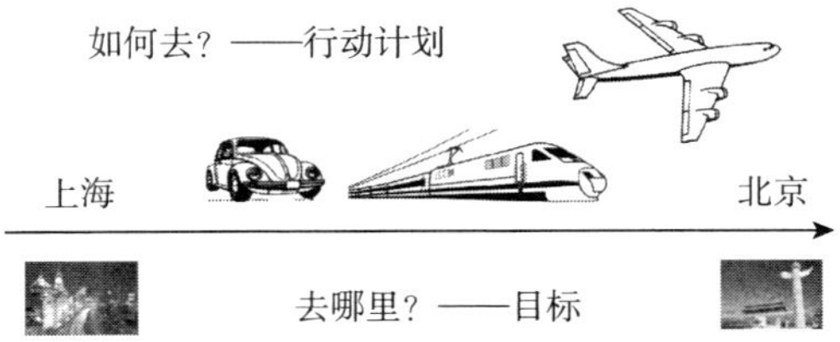

销售目标分解

某业务员打算1年挣100万元的佣金，大概需要完成300万元的销售业绩。因此，他制定的行动计划如下：

1年：300万元的销售业绩；1个月：25万元的销售业绩；1天：8300多元的销售业绩（约一个客户的营业额）。

按陌生拜访20%的成功率计算，每天至少拜访5个客户，平均一个客户至少谈60分钟，每天要花5个多小时与客户交谈，还不含路途的时间，且一年365天不能休息。

需要资源：年轻——身体没问题，但公交车太慢，打车太贵，考虑买辆车提高工作效率。

一、销售目标分解成工作目标

一般销售管理者目标分解以后就万事大吉了，接下来就是督促销售人员下市场、跑客户了。但是到月底一看，销售目标没有完成，暴跳如雷地责问销售人员。销售人员一定会找出一大堆理由来辩解，最后向领导保证，销售的缺口一定在下一个季度补回来。半年过去了，销售经理一看，时间过半，任务还是没有过半。销售人员又解释：上半年是市场淡季，一定在下半年市场旺季实现销售目标；或者说手头的几个项目都在下半年才开工提货等。但到了年底目标没有完成，每年周而复始。相信许多公司经常出现这样的情形，主要的问题在哪里呢？说到底是过程管理还是结果管理的问题。

销售目标是结果目标，只能在计划结束时考核。因此，必须把销售目标分解成工作目标，工作目标是过程目标，可以在执行中检查。正确的做法是：除了销售目标分解外，还要把销量目标分解为工作目标，然后把工作目标下达给业务员。例如每天客户拜访的次数、解决方案提交的次数、几场技术交流会、客户来工厂参观和参加投标次数等。这些指标是销售管理者可以在过程中检查并及时地纠偏、指导的，不必等到最后一刻才行动。当然，对长周期的复杂产品销售或项目型销售，行动的目的是为了促进销售流程向下一个里程碑前进，而不是拜访次数；而持续订单的大客户模式，业绩其实跟客户拜访量、拜访的质量、成功率有关。

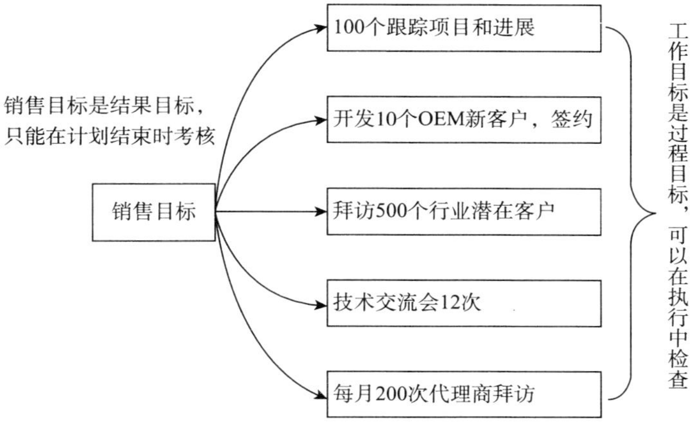

销售目标分解成工作目标

我们提倡销售经理关注过程、关注工作目标，关注管理销售人员每天的行为、每天的活动细节。例如，销售人员拜访客户的数量、和客户交流的时间有多长、是否在和重要的客户对话等。如果过程管好了，你希望的销售目标自然会完成。但无论如何，结果一定也是销售管理者必须关注的指标，销售最终还是要用结果说话。当销售管理者的时间有限、精力有限时，对于成熟的人可以只管结果，但对不成熟的人必须管过程；对于成熟的事情可以只管结果，但对于不成熟的事情必须管过程。如何判断人和事成熟与否？如果你的队伍中有大量的新人，人不会是成熟的；如果你的产品、市场和销售模式是新的，即使是有经验和自律性强的销售人员，事情通常也是不成熟的，你也应该管过程。管结果是简单的，管过程是复杂的，如果管结果就有效可以只管结果，但管结果无效的时候一定要管过程。

二、制定行动计划

有了销售目标和工作目标，还需要制定具体的行动计划。行动计划可以依据5W2H来具体制定：Where——在哪里展开行动？What——具体行动是什么？Why——目的是什么？Who——谁负责/行动的对象？How——采取的策略？When——什么时候完成？How much——需要的资源和预算。

有的销售经理可能错误地认为，计划无法做到准确地反映将来，计划不如变化快，花时间做计划还不如随机应变有效。计划肯定不是现实，但计划却是实现目标的路线图，有计划一定比没计划好。好比你第一次出国旅游一般是跟团走，出发前你一定会收到一份旅行计划表：导游是谁、去哪个城市、住哪里、景点介绍、时间安排、自费项目等，如果没有计划那是不可想象的。当然，遇到特殊状况如天气原因、机场工人罢工无法到达下一个目的地的时候，导游也可能对计划做出调整。销售计划也不可能百分之百正确，因此，每月甚至每周要不断根据具体情况对计划做出调整，期间也可以要求公司增加相应的资源支持。这也是做行动计划的本质。

当销售人员不能按照计划完成销售指标时，往往会要求公司修改销售目标，尤其是整个团队只是少部分销售人员无法完成销售目标时，管理者不能轻易改变目标。被预料的情形发生不可以作为更改销售指标的理由，因为你应当有应急的计划。当不可预料的突发事件发生，如公司生产线发生事故、一个重要的客户突然破产、汇率变化导致价格大幅度波动等，才可以考虑更改销售指标。“计划写在沙滩上，目标刻在钢板上”讲的就是这个道理。

A 公司目标与行动计划 1

<table>
<tr><th></th><th colspan="2">销售目标</th><th>工作目标</th><th>市场目标行动计划</th></tr>
<tr><td rowspan="2"></td><td>新增立项项目</td><td>170 万元</td><td>新增立项项目 28 个，平均订单规模 63 万元</td><td rowspan="3">市场目标行动计划举例：
开拓新能源行业 OEM 客户，由 OEM 销售经理负责和现有 OEM 团队对每个潜在客户实现 3 次有效拜访
拜访标准：
Q1 和 Q2 各完成 300 次拜访；
Q3 和 10 月份完成 450 次拜访
年末完成 35 家签约或实现首次订货
需要增加人手 2 名
市场部物料支持
产品研讨会</td></tr>
<tr><td>OEM 客户</td><td>400 万元</td><td>10 个 OEM 客户
商务拜访和技术培训总计 120 次</td></tr>
<tr><td>市场目标</td><td colspan="2">开拓新能源行业，年内实现签约 35 家</td><td>350 个行业潜在客户，3 次有效拜访</td></tr>
</table>

A 公司目标与行动计划 2

工作目标	行动计划
项目共 28 个，平均订单规模 63 万元	销售漏斗报表和周、月工作计划表
新增立项项目 28 个，平均订单规模 63 万元	鉴于 2014 年中央在国家电网上加大了投资力度，新增的 28 个项目重点在国家电网的项目中——Where 项目线索主要通过专业设计院拜访，也可以通过专业网站或者购买专业公司信息，有效信息 100 个，最终立项项目 30 个——What 以占优势的特高压产品作为切入点，通过设计师指定获得甲方认可——How 鉴于国家电网项目需要一定的周期，新增立项项目必须 Q1 前完成——When 由销售总监负责，各区域经理实施——Who 设计院推广费用，按每个项目 3000 元计算，费用约……——How much

续表

工作目标	行动计划
10个OEM客户商务拜访和技术培训总计120次	OEM客户每月商务拜访一次，共100次 新产品培训2次，Q1和Q3各一次，共20次 OEM销售经理负责

案例思考3：

刘峰为下属制定了年度销售目标，并按产品、时间分解。当他把分解的目标发给销售人员小王时，小王顿时面露难色，说："张经理，这个指标我不可能完成，太高了。"刘峰认为这个指标是可以完成的，您认为刘峰应该怎样说服小王？

案例思考4：

从计划开始执行的第一个月开始，刘峰发现几乎所有的销售人员都不能按照计划完成销售指标，而销售人员也纷纷抱怨市场竞争激烈，要求公司修改目标、调整计划。

你觉得刘峰应该向领导要求针对市场实际情况修改目标、调整计划吗？请说说理由。

销售目标与行动计划

销售区域：____________________

区域代表：____________________

各产品线的销售额：

月______ A______ B______ C______ 合计______

1.

2.

3.

总计：

每月需要完成的销售额：____________________

为实现上述年度预测目标，你准备采取的策略是什么？5W2H：

____

____

可能会阻碍你实现本年度预测目标的因素和你的应对：

____

____

你计划每月经销商拜访次数：____________________

你计划每月 OEM 拜访次数：____________________

你计划每月新立项项目的数量：____________________

为实现你的年度目标，你希望公司和你的上司给予什么样的帮助？

____

____

第三章

Chapter 3

销售人员聘用艺术

聘用艺术自我检测

招聘是人事部门的事，我一般提出需求就可以了	Yes/No
我喜欢那些跟我有相同背景、看上去顺眼、对我不构成威胁的人选	Yes/No
没有满意的人选，只能在现有人员中聘用相对较好的人	Yes/No
我不太清楚职务说明书和候选人的资格要求，都是人事部门写的	Yes/No
我只有在缺人手的情况下才提出招聘请求	Yes/No
找到让自己 100% 满意的销售人员非常困难	Yes/No
招聘时经常看走眼，那些我认为表现不错的人，实际工作表现不太好	Yes/No

作为销售经理，如果上述几个问题的回答都是 NO，你可以忽略本章直接进入第四章，如果你的回答大部分是 YES，则很有必要跟随作者对如何进行销售人员的选拔和招聘做一下研究，这是掌握销售管理的第二个关键点的管理方法、技巧和工具。

第一节　招聘的流程

招聘是谁的工作？是人事部门吗？作为销售经理，你是提招聘需求，最多做做协助工作？还是以你为主导，对整个招聘工作负责呢？要回答这个问题其实很简单，谁对团队业绩负责，是人事部门还是你。有人说，团队成功10%靠绩效管理、30%靠培训、60%靠找对人。因此，找到合格的销售人员是销售经理的头等大事。另外，要把选拔和招聘当作销售领导日常的工作，不要临时抱佛脚，在缺人手的情况下才想到招人，因为招聘一个合格的销售人员需要很长时间。

选拔和招聘是销售经理的日常工作

销售经理要在日常生活和工作中时时关注身边是否有为己所用的销售人才，最好的面试是在对方没有觉察时。不过最大的挑战还是如何判断哪些候选人是最合适的人选，保证招聘时不看走眼。实际上那些认为面试表现不错的人，在实际工作中的表现却大相径庭，下面的情景估计你也碰到过。

2016 年 3 月，从每周整理的应聘简历中筛选了十几个人，安排助手通知他们面试。那天刚好是一个雨天，我想这样的天气能准时来就是好样的。

9 点 30 分，第一个面试的杰准时到达，彬彬有礼地问好，将湿漉漉的雨伞放在门口地上，恭恭敬敬行礼坐正。我早已看过简历，现在看简历已不重要，还是听他简单地做自我介绍，再问他曾经的工作留下什么样的感受？小伙子有问有答有礼有节。

最后，当我把未来工作中可能遇到的困难告诉他，并介绍了公司的基本情况后，小伙子沉思片刻答道："您如果给我机会加入公司，我想我会是最快进入状态的。同时，做业务需要执着和敬业，我认为自己具备这两种品质。对于公司情况，我在来之前通过网络初步了解了，我希望进入公司，希望得到录用，我已从原单位离职，随时可以到岗工作。"请他离开后，我心里已经给他打了 10 分。

随着一个又一个面试者的进来出去，一个细高的男孩出现在我面前，他叫峰。文质彬彬的书生模样，拘谨中带着一丝腼腆，从他坐下时碰歪了桌子后的表情，我断定他没什么经验。他的自我介绍中规中矩，问他个人爱好和对自己性格的定位，他紧张得说错了两次。

最后，我告诉他需要总体衡量一下，如果可以，一周内人事部会通知他复试，没得到通知就不用等了。他嗫嚅半晌才出声："经理，我知道自己经验少，但您通过简历也能看到我是一个踏实敬业的人，企业不仅需要能说会道的人，更需要忠诚拼搏的人，不管您是否最终录用我，我只想说您给我机会我就能证明自己。”说完，小伙子脑门上布满汗珠。

记不清是倒数第几个了，反正那个福建口音浓重的小伙子进来时，我转头轻轻笑了，他是辉。只见他穿着笔挺的西装、打着红色领带，巨大的书包像装了全部家当，坐下之前还鞠了一躬。问答的过程非常顺利，只是许多话我必须请他重复一遍才能听明白。他毕业后两年的工作是在地产做销售，专业经验绝对是有的，人大方稳重，领悟能力良好，有亲和力，具有做销售的基本素质。只是口音问题会有影响，所以我直率地请他好好学习普通话，否则对销售工作是有障碍的，小伙子连连点头称是。

6 月末，该是决定去留的时候了，杰被我的助理请进办公室，我告诉他业绩不能说明一切，但零业绩却可以说明你不符合业务工作要求。小伙子低下头，我知道他不愿意走，我心里也不愿意，3 个月我始终把他当作重点培养，付出了多少心血。录用一位聪明有能力的人不容易，解聘一位自己看好的人更是需要克服超乎想象的心理障碍。峰和辉被我请来进行转正面谈，两个人表现都非常出色，达到了公司对于业务员转正的考核标准。

有人说，当应聘者在进入面试房间的一刹那，面试官基本上就完成50%的面试工作。如果接下来应聘者的谈话对面试官的胃口，十有八九会被录取，但候选人能否成功就要靠碰运气了。因此，招聘不能凭感觉和个人喜好，需要有系统和结构化面试的方法，只有这样才能把面试成功的不确定性降到最低。一个完整的招聘流程包括六个步骤：

（1）招聘文件撰写。

（2）招聘渠道选择。

（3）候选人初步筛选。

（4）候选人正式面试。

（5）候选人背景调查。

（6）最后决定。

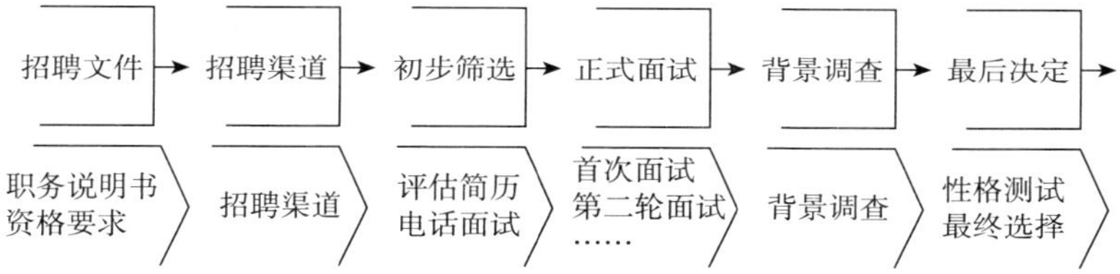

完整的招聘流程

第二节　撰写招聘文件

招聘文件包括职务说明书和资格要求，这个岗位具体做哪些工作，这个岗位的员工需要具备什么样的资格条件，只有他的领导最清楚。因此，销售经理可以让 HR 检查招聘文件，但不要让他们撰写招聘文件，文件应该由用人单位的领导来写。但是在正式撰写招聘文件以前，你还应当回答以下几个问题：

（1）目标客户是谁？不同目标客户对销售人员有不同的资格要求。比较一下面对工业品集团客户和消费品个人客户两种销售人员，无论从学历、工作经验和战略销售技能方面，前者要求会更高一些。例如 ABB 工程公司销售工程师的目标客户是火力发电厂，可能要求应聘者有相关领域的工作经验，一个有牛奶销售经验的销售人员显然不太合适。

（2）是开发还是维护客户为主？除了职位描述两者有不同外，单就销售人员的性格对其未来的工作也有很大影响。以开发客户为主的销售人员要有冒险精神和结果导向，有一种不达目的不罢休的精神；而以维护客户为主的销售人员，更多地要有一种亲和力和服务精神，不会轻易和客户发生冲突。

（3）产品销售还是解决方案式销售？前者要求销售人员熟悉产品，具备与客户建立关系、维护关系的能力，为客户提供购买方便和售后服务的意识；而后者要求销售人员对行业了解，对客户存在问题的洞察和需求的准确把握，然后有针对性地提出解决方案的能力。

（4）直销还是分销？企业通过经销商进行销售和企业组织自己的团队进行直接销售，对销售人员的要求一定也是不同的。一般来说，对后者的要求是策略性的思考和随机应变的能力，并对战略销售技能的要求会更高；而管理经销商的销售人员则更多要求有不折不扣的执行力。

（5）是否是团队销售？团队销售需要销售人员有协调能力，能调动公司内外相关资源，实现跨部门、跨业务的团队协作。另外，还要有人际能力，能与外部客户及内部同事建立良性的互动关系。但有些实行大包干销售管理模式的企业，因为涉及销售人员个人的利益分配问题并不强调团队销售。

ABB 工程公司销售工程师

职位描述：

该岗位属于 PSP（电力技术系统部发电业务），目标客户群为火力发电厂。

岗位职责：

（1）负责中国华东地区的 DCS 产品的销售工作。

（2）能独立完成公司指派的年度销售指标。

（3）向南方区销售经理汇报日常工作。

职位要求：

（1）电力、自动化类相关专业本科以上学历。

（2）3～5年销售经验，具备分散控制系统（DCS）产品知识。

（3）相关的发电厂业务销售经验。

（4）优秀的沟通能力和客户意识。

（5）跨国公司工作经验优先。

（6）良好的英文听说读写能力。

职务说明书的岗位职责可以像ABB公司那样简单，也可以写得比较复杂，包括员工的目标、主要活动（目标客户、拜访流程、任务清单、拜访次数、现有客户和潜在客户的访问次数等）、时间管理（工作时间、出差安排、拜访客户最佳时间、拜访线路）、工作管理（计划和销售报告、拜访前准备）、公司制度（费用和报销）等。

职务说明书不仅是在招聘新员工时使用，也可以用于向现有销售人员告知其应该履行什么样的职责。当市场环境、产品服务、竞争对手、客户和公司战略发生变化时，也要及时修改职务说明书，并要求销售人员在职务说明书上签字，保证每个销售人员知晓职责的变化。

职务说明书最大的挑战还是如何界定该销售岗位的资格要求，这是能否找到合适的销售人员的关键步骤之一。对销售人员的资格要求一般有四个部分组成：技能、经验、知识、素质。技能可以包括聆听艺术、书面及口头表达能力、销售技巧、说服能力、制定计划能力、分析能力、解决问题能力、谈判技巧、时间管理等；经验可以是B2B销售模式成功销售的经历、若干年相关工作经验、以高价格销售高价值产品的经历、在前一个职位有较长的供职时间等；知识可以是行业知识、产品知识、学历要求等；销售人员应具备的素质可以是积极主动、自我管理、团队精神、自信等。每个企业可以根据自己的情况，制定销售人员的职位要求或者能力素质模型。

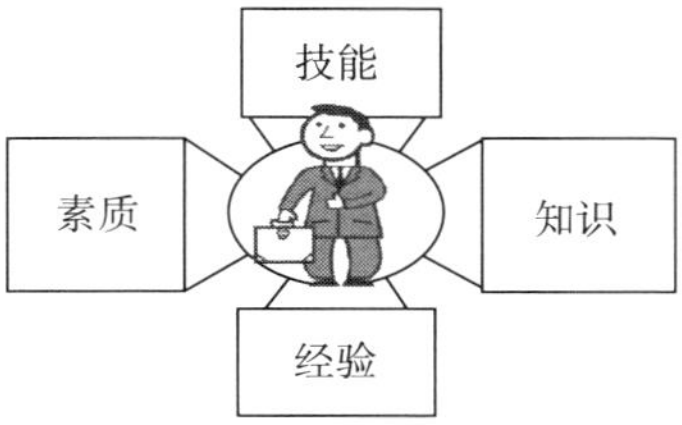

销售人员的资格要求

第三节　九种招聘渠道

以下几个渠道，分别是：内部选拔、员工推荐、客户/供应商、竞争对手、校园招聘、猎头公司、互联网、招聘会、媒体广告。这九种渠道各有利弊，我们将对前五种渠道做重点分析：

（1）内部选拔：从公司内部其他非销售部门，例如生产、技术等部门选拔和招聘销售人员。主要优点是，对候选人比较了解，当然候选者也比较了解公司的文化、制度和产品，大大节约了企业招聘员工和培训员工的时间，且风险较小。不过“近亲繁殖”的缺点也很明显，候选人有可能不具备作为一个销售人员的必要素质。一些非销售部门的员工积极申请调入销售部门工作，只是对销售岗位有不切实际的幻想，认为销售人员工作自由、收入高，对销售高强度、高压力的情况准备不足，再加上缺乏与客户沟通的能力，失败在所难免。

（2）员工推荐：这是一个值得推荐的渠道，最好的面试是在对方没有觉察的时候。鼓励销售人员在日常工作中时时关注身边是否有为公司所用的销售人才，如果成功推荐，公司给予一定的奖励。由于被推荐人未来在公司工作的表现关系到推荐人的声誉，所以，他一定会认真把关，把最好的人介绍给公司。当然，销售经理本身就应该是一个猎头，时刻为公司寻找优秀的销售人才，不过这种方式也可能带来裙带关系，有在团队里拉帮结派形成小团体的危险。

（3）客户/供应商：如果候选人来自你目前的客户或潜在的客户，对客户的需求的了解和与客户内部成员的良好关系是其最大的优势。国内外有些主要面对政府采购的企业聘用退休的政府官员也是出于同样的考虑，但如果涉及客户的隐私或因此而得罪你的现有客户就得不偿失了，最好事先征得现有客户的同意。

另外，我们每天接触很多人，很多是供应商的销售人员，其中是否有适合的销售候选人呢？如果有，这样送上门的机会千万不要放弃。有一次，我们公司要上一套 CRM 管理软件，我作为使用部门代表参与了整个采购过程，其中有一个公司的销售顾问给我留下了深刻的印象。以专业的角度来看，他干得确实不错，采购过程持续了很长时间，也使我有更多的机会近距离地观察他。后来由于种种原因，公司决定暂时搁置这个项目，但我仍动员这个销售人员最终加盟了我们公司，事实证明这是一个正确的决定。

（4）竞争对手：选择来自竞争对手的销售人员，最大的风险是不适应你们公司的文化和制度，缺乏忠诚度，当然还有从其他公司带来的一些坏习惯。我们公司曾经招聘过一个王牌销售人员，原来公司采取底薪+高额奖金制度，由于收入完全与业绩挂钩，造成销售人员固有的戒备心理，与销售团队难以融洽合作，很难融入公司的团队和企业的文化，最终他还是选择离开。好处是了解产品和市场，不需要太多的培训，也可能给企业带来他的原有客户。

成功的关键是：要了解应聘者离开前一家公司的真正原因，必须仔细考虑有哪些原因是你也无法接受的，尤其要警惕那些不停跳槽，只是在不同的公司赚出场费的应聘者。另外，有些企业也把面试竞争对手的员工当作获得市场情报的来源，尤其是管理岗位的销售人员。如果有一天一个直接竞争对手通过猎头公司找到你，这时千万不要得意，相反要十分小心，他有可能是醉翁之意不在酒。

（5）校园招聘：大学生刚参加工作时，有新鲜感、工作热情很高，常会有出色的表现。另外，大学生可塑性强、有利于培训与指导、容易认同企业的文化、忠诚度高。据说华为如此热衷招毕业生的原因，就是他们真诚地相信华为的产品是最好的。在华为的销售人员中，刚出校门的学生往往比有销售经验和丰富人生经历的人做得更成功。当然校园招聘的缺点也比较明显：大学生缺乏销售经验，需要一定的市场磨合期，磨合期的收益可能少于成本，当然最大的麻烦还是跳槽率高。因此，如果不是大企业一般不会招聘大学生。

除了上述五种招聘渠道外，我们还会遇到如何处理离开的员工再回来的问题。重新回归销售团队的员工熟悉产品和公司运作情况，能较快地适应工作。除非是因为道德问题离职，原则上销售经理可以优先考虑此类人员。

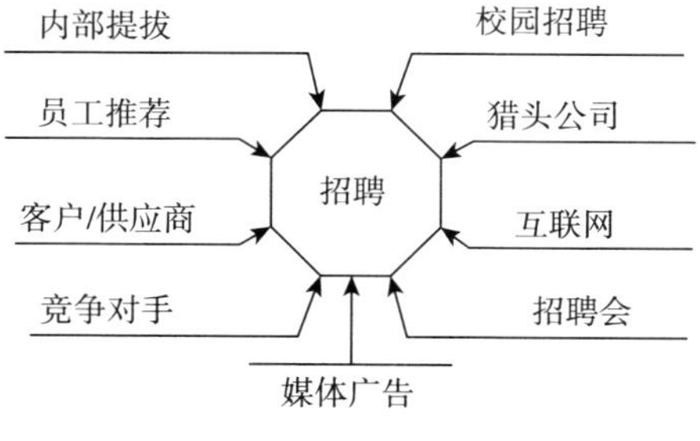

九种招聘渠道

第四节　初步筛选应聘者

在安排正式面试之前你要做的两件事是评估简历和电话面试，目的是做初步的筛选，最终产生 3 ~ 5 个候选人。通过评估简历把那些明显不符合岗位资格要求的、经常跳槽或者书写错误、文理不通的应聘者剔除，挑出那些过长的简历，要么其本人没有逻辑概括能力，要么就是企图转移你的注意力的人。然后对留下的人安排电话面试，电话面试不同于正式的面试，可以问一些基本问题，但主要应该针对简历的内容不清楚和认为有疑问的地方进行提问，甚至可以针对简历中写明的一些关键信息，例如学历背景、被雇用的时间节点或职位等进行提问，也许会发现与简历不一致的信息。

下面是一个打算应聘某公司销售主管岗位的简历，看到这样简历，你会在电话中问对方哪些问题？我注意到简历中其服务的企业设备生产能力是 1000 余台，其当年完成销售额 1000 万元，当时我就问了一个问题，然后就决定没有必要安排正式的面试了。订单的平均营业额是多少？他的回答是 10 万元左右。也就是说 100 台的销售额，只是其生产能力的 10%，那么他的团队业绩无论如何也好不到哪儿去。

简历

工作经历：

- 2010/08～至今
- 苏州××工业设备有限公司｜销售经理
- 行业类别：大型设备/机电设备/重工业｜企业性质：民营｜规模：20～99人

工作描述：

（1）带领团队维护原有的销售渠道，开拓、挖掘新的客户资源。（2）前期负责整个产品项目的申报、产品认证等。（3）完成产品的独立报价。（4）带领团队对公司全线产品提供技术支持及后续维保服务。（5）协调公司各部门关系，处理项目的突发问题。

（苏州××工业设备有限公司是专业生产矿山安全设备的公司，已于2013年获得安标——国家矿用产品安全标志中心发放的煤矿矿用产品安全标志证书，拥有年产矿用可移动式救生舱1000余台的生产能力，是我国华东地区矿用可移动式救生舱最大的生产基地。主要产品：矿用可移动式救生舱、避难硐室。）

管理经验：

- 汇报对象：总经理｜下属人数：10人｜直接下属：10人｜年收入：××

业绩描述：

管理销售团队，2013年完成销售额1000万元，执行公司具体的销售战略和行动计划，开发新客户，很好地控制收款风险，指导并培养销售团队成员能力，建立并执行各个区域的代理商管理体系。

第五节　正式面试技巧

一、优秀的销售人员应具备的品质或动机

前面说过，销售人员的能力素质模型包括技能、经验、知识、素质（动机）四个因素，而素质（动机）又在能力素质模型中占据最大的权重，是最重要的。万一招聘的销售人员被发现在上述某个方面不符合标准和要求，其技能还能通过培训提高、经验可以通过时间来积累、知识可以通过学习掌握，唯独人的素质（动机）很难通过培训或学习来改变。俗话说得好，“江山易改本性难移。”要改变一个人的内在价值观是非常困难的。因此，素质和动机必须在招聘中进行重点甄别。校园招聘中，大学毕业生是无技能、无经验、无行业知识的三无人员，能否符合公司的要求主要还是看他们的内在素质，除了学习成绩外，还要看其在学校的任职情况、社会实践、公益活动等。

既然人的素质（动机）在素质模型中如此重要，那么必须在招聘中进行重点甄别。问题是技能、经验、知识比较容易被发现和鉴别，而价值观、品质或动机是会被刻意隐藏起来的，它在冰山的下面，通过一两次的面试很难被发现，而这也是我们在招聘面试中面临的最大挑战。

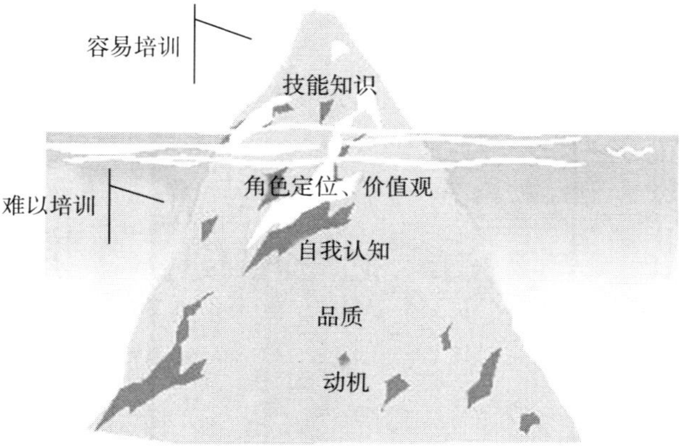

素质体系的冰山模型

（一）动机

美国是一个酷爱篮球的国度，这个国度里有一个视篮球如生命的孩子。可这个孩子中学时居然没被篮球队选上，甚至爱篮球如痴的他要求教练准许他随队去看中学篮球联赛这样并不苛刻的要求也被拒绝了。可他没有就此认命，他生命中有一个飞扬激越的篮球，成为了他对整个人生的热爱。穷途末路之时，他软磨硬泡迫使教练让他当了一个别人不屑的上不了球场的“球员”——专为球员拣球、搬运行李、整理球衣，他就这样接近了因为热爱而终生不悔的目标。

后来，他率领的芝加哥公牛队连续两年高居 NBA 皇冠宝座，他个人享有“空中飞人”的美誉，并 5 次荣获“最有价值运动员”称号，他便是享誉世界篮坛的迈克尔·乔丹。能把篮球玩成绝活的不只乔丹一个，但因为热爱篮球而战胜困难的人却不多。命运纵使让我摔倒 100 次，但我要从 101 次抗争中站起来——这便是热爱的力量。

干一行爱一行一般人很难做到，而爱一行干好一行却非常普遍。热爱与喜欢是最原始也是最持久的原动力，做销售是一件辛苦的事，首先要吃得身体之苦：要习惯于长途跋涉、居无定所、陪客户应酬、投标时的加班；还要准备承担心理之苦：业绩不好时老板的批评、家人的不理解、客户的训斥。所以，要做好销售最好喜欢它，只有喜欢才不会觉得累和苦，喜欢是内心驱动力，不喜欢就不要做。

一个渴望成功和出人头地的销售人员也同样要具有强大的内心驱动力。一个有趣的现象：有些企业很少能在当地找到本乡本土的销售人员，而干的好的销售人员大都是偏远地区或农村出来的孩子。他们要在繁华的大城市立足，有改变自己命运的强烈愿望，城里的孩子很少愿意从事销售工作。另外，农村来的孩子一般更具备勤劳与吃困耐劳的品质，而这是一个成功销售人员应具备的基本素质。

（二）勤奋

除了动机外，一个优秀的销售人员必须具备勤奋、乐观、自信、合作等素质。勤奋是销售人员最重要的条件，这是构成销售活动并产生业绩最基础的东西，没有足够的销售活动，谈所谓的销售能力只能如空中楼阁般虚无缥缈。无论公司文化背景、产品定位特点和销售渠道有多大差异，在需要销售人员勤奋这个要求上都是惊人的一致。

销售人员要做到 5 个勤：

（1）勤问：不要主观猜测，提问才能准确掌握客户的需求。

（2）勤跑：生意不是“坐”出来的，是跑出来的，你要和客户建立感情、交朋友，不勤跑是做不到的。

（3）勤记：随时记录整理你的信息，勤于做书面的总结，对销售人员的进步大有好处。

（4）勤听：在一个项目上，谁掌握的信息完全准确谁的胜算就大。

（5）勤思：勤于思考你的计划和策略，善于分析、总结、改善、提高。

（三）乐观

三个工人在砌一堵墙。有人过来问："你们在干什么？"第一个人没好气地说："没看见吗？砌墙。"第二个人抬头笑了笑，说："我们在盖一幢高楼。"第三个人边干边哼着歌曲，他的笑容很灿烂："我们正在建设一个新城市。"10年后，第一个人在另一个工地上砌墙；第二个人坐在办公室中画图纸，他成了工程师；第三个人是前两个人的老板。

10年后三个工人的结局

乐观积极的心态，对销售人员很重要。销售人员每天早出晚归，除需要超出常人的体力外，更需要背负沉重的心理负担。业绩考核的压力像大山一样压得他们无法喘息，客户的拒绝甚至是出言不逊无情的吞噬着他们仅有的一点好心情，眼看到手的订单被竞争对手夺去，只能捶胸顿足。我相信这是大部分销售人员的真实写照。如果销售人员带着沮丧的心情拜访下一个客户，会是什么结果可想而知。而一个有积极思维方式的销售人员从不因为被拒绝而苦恼，他的情绪也不会被客户的反应所左右，沮丧也只是几分钟而已，他可能会耸耸肩在心里解嘲道："嘿，这家伙失去了一个使用世界上最好产品的机会"，然后继续去拜访下一个客户。

某公司来了一位东北小伙子面试，他的学历、经验等硬指标并不理想，但他脸上洋溢的灿烂笑脸给公司老总、人事部门经理和销售经理留下深刻的印象。其实对一个背井离乡来到上海的人来说，生活中肯定充满了挫折，他为何还如此快乐呢？他回答："生活中有一些不如意，但它早就留在昨天了，每天早晨我睁开眼睛，都对自己说我很快乐，每个将与我见面的人也很快乐。"这个东北小伙子对生活乐观向上的态度感染了在座的每一个人，面试者认为他也同样会感染他的每一个客户。现在这个东北小伙子已是公司的销售骨干了。

（四）自信

销售人员为什么要强调自信？尤其是你销售的是高价值产品的时候，销售人员最大的挑战是说服客户对产品价格和价值的认同。你的客户不会比你更相信你的产品，你的客户是靠你对产品的信心和你对产品的专业被说服的。说服本身是一种信心的转移，你把信心传递给了客户。一个优秀的销售人员除了有对公司高品质的产品特点给客户带来利益的自信外，其本身与生俱来的自信的心态和肢体语言是促使客户对产品产生认同的有力暗示。

脸上带着微笑，与客户的目光交流，与客户有力的握手都体现了你是一个充满自信的人。相反，眼光飘忽不定，左顾右盼，这样的人容易被认为：要么是自信不足，要么是心中有鬼。客户在询问关于公司或产品的细节时，回答的语气、语调必须充满自信，支支吾吾会使客户导致对你的不信任。当客户信心不足时，他们也需要销售人员有一个坚决的态度给予自己决心和信念。如果销售人员自己都显得底气不足，如何去赢得客户的信任呢？

（五）团队精神

很多公司有牛人，牛人最大的问题就是觉得自己太能干，被同事、被公司拖累了。我曾经听到一个员工在餐桌上公开讲："要是公司每个人都像我这样，公司早就做好了。"我很不客气地打断他："要是公司每个人都像你这样想，公司早就倒闭了。"大家知道 NBA 是最强调球星魅力的，不过大家注意到耐克牌的广告，一群 NBA 明星一起打球，最后一句火箭队麦迪的广告词是："你以为那是我一个人干的？"最近阿迪达斯的广告也有异曲同工之妙："没兄弟，不可能！"在 NBA 流行一个笑话：限制科比赢球的方法就是让他一个人投篮。即使在 NBA 这样的明星文化中，大家也知道团队是不可或缺的。在现代社会复杂交易中，没有人可以单独作战去赢，我们必须依赖团队的力量。

同样，销售人员的成功与公司其他部门和内部其他同事的支持和协同作战是分不开的，所以销售人员的团队精神非常重要。所谓团队精神就是上下目标一致、协同共进，如航行于大海中的战舰，既要有舰长的统一指挥，也要有勇敢船员的群策群力，在这艘战舰上，每个人都发挥着重要作用，缺一不可。

团队精神

（六）价值观

要看应聘者的价值观是否符合公司的要求。GE 就是通过“价值观—业绩图”来评估不同的员工。能够取得很好的业绩，又能够认同 GE 的价值观，这些人是 GE 的“明星员工”；业绩不太理想，但能够认同 GE 所有的价值观，GE 会给这部分员工多次机会来改善业绩状况；既做不出好的业绩，又不能认同 GE 的价值观，GE 会毫不留情地让他卷铺盖走人；业绩不错，但却不能够认同 GE 的价值观，假如是通过欺骗、违反规则的方式来取得业绩，就要毫不留情地将这些员工开除。可见，价值观在选择员工时占据了多么重要的位置。欧美外企的员工到民企或国企任职都有诸多水土不服问题，背后深层次的问题都是价值观的冲突，所以，有些外企招聘员工时要求有跨国公司的工作经验就不奇怪了。

二、有效的面试技巧

所谓面试就是根据能力素质模型，来评估候选人动机、素质、技能、经验和知识是否符合该岗位职位要求的过程。因为在最初面试中表现出色，同时也被用人部门的销售部一致看好的员工，其实际表现却不尽如人意，相信很多公司都出现过这样的情况。而有效的面试技巧就是为了获得应聘者最真实的信息，不被其表面的假想所迷惑，从而提高成功率、避免面试失败的方法。请注意这是面试者的面试技巧，不是应聘者的面试技巧。

下面是在面试过程中会用到的沟通方法。

（一）问开放式的问题

所谓开放式提问就是以5W1H开头——Why、When、Where、Who、What、How，例如为什么离开上一家公司？设想你遇到这样的情况会怎么办？你理想的工作是什么？对应的是封闭式提问，提供选择答案，引出“是”或“否”、“A”或“B”的选择，例如你喜欢销售工作吗？你善于应对难缠顾客吗？开放式提问的目的是搜集资讯展开讨论，鼓励对方说得更多，了解更多的信息。封闭式问题的目的是锁定和证实信息。

面试的目的是为了了解应聘者更多的情况，这要求销售经理创造一种可以让对方畅所欲言的氛围，采取开放式的提问的方式可以让对方说得更多；而封闭式问题无法获得对方的真实想法，也使沟通气氛更加紧张，例如“你喜欢销售工作吗”，对方的回答一定是喜欢，这是无效的问题。要知道他是否真的喜欢，最好问开放式的问题：“为什么喜欢？

你理想的工作是什么”。同样的理由，你最好不要问这样的问题：“你善于应对难缠顾客吗？我公司产品非常贵，你能应付这种挑战吗？”你最好这样问：“你以前是如何处理客户纠纷的？以前最难卖的产品是什么？请举出你最成功的例子”，后者才是有效的提问，才能获得对方真实的信息。

如果要了解应聘者是否具备结果导向的素质，你这么问：“请你举一个具体的例子，说明你是如何设定一个目标然后达到它的”；要了解对方是否积极主动：“请你告诉我，你一天的工作是如何安排的”；了解对方的团队精神：“你举一个例子说明在完成一项重要任务时，你是怎样和他人进行有效合作的”；了解动机：“为什么选择销售职业，未来的职业规划是什么”。当然，不是所有的开放式问题都是有效的，例如“为什么离开上一家公司？报酬是多少？”对方的回答有可能是不真实的，也许问下他如何看待以前的公司和老板会更好。另外，当你要确认某个信息的时候，也可以问封闭式问题，例如“你是某年某月离开公司的吗？你确信可以在某月某年前来公司上班吗”？

（二）打破砂锅问到底

除了要问开放式问题外，如果就某一个感兴趣的问题进行追问，有助于了解事情的真相。当面试者要求对方举例说明时，有些应聘者为了表现出自己能力超群，会编造出一些根本没有过的经历或只是听说过的故事，面试者通过对细节的追问，就很容易发现信息的真实性。

在与对方谈判前，我们事先做了准备，如准备了大量的资料，分析对方目前的形势和他们最有可能的态度、预设了许多对方可能会提出的问题等。准备充分后，我们登门拜访。事情和我们料想得差不多，他们和我们合作的意向还是比较强的，前面的种种询问和有意刁难只是想探探我们的底线。我们咬住价格不放，但提供了很多优惠条件，例如缩短供货期、在销售旺季优先供货、降低运输费用、承诺每个季度至少一次的促销支持等。其实，这些条件也是我们在与其他客户合作时经常提供的，只不过提出的时机不同，给客户的感觉也不一样。经过数轮会议后，终于签下了合同。

应聘者在描述整个事件时用的主语都是“我们”，面试官无法了解到应聘者本人在整个谈判过程中充当的角色、做出的行为、产生的作用，因此也无法对应聘者个人做出判断。这时，面试官就需要追问：在这笔业务的谈判过程中，你的角色是什么？你做了哪些工作？提出了哪些有利于谈判成功的建议？如果应聘者描述的是亲身经历的真实事件，就会经得起面试官的刨根问底。如果是谎言，追问之下就会无所遁形，即便应聘者临时编造，在内容的合理性上也很容易产生纰漏。

（三）先做一个倾听者

销售经理在面试应聘者时容易犯的一个错误是把面试搞的像推销产品一样，滔滔不绝地向对方介绍公司的历史、文化和市场地位。面试的目的是为了了解与证实应聘者的信息，所以一次成功的面试应当是被面试的人说得多，面试者主要是一个倾听者。要做到这一点，需要销售经理掌握一定的倾听技巧。首先，面试者需要积极的肢体语言，对应聘者的表述做出适当的反映：眼神交流、频频点头表示赞同（也许你心里并不赞同）、微笑、鼓励性语言的回应——“有道理！我理解”，鼓励应聘者说得更多，对方说得多，面试者了解的也越多。

如果你对某一个观点、某一个陈述感兴趣，最好不要及时记录，因为敏锐的应聘者可能会觉察到他刚才的陈述是符合你的标准的，就会有意识地顺着你的思路说话。另外，你最好先提问然后就公司状况、职务说明、资格要求、工作条件等进行陈述和说明，如果先就职务说明、资格要求、工作条件进行详细陈述，应聘者很容易揣测出面试者的意图，说出你想听的话，最终无法了解应聘者的真实信息。

（四）询问对公司的了解

如果两个候选人的条件相当，都能满足该销售岗位的要求，那就把工作给那个最希望得到该职位的人。他是否表现出希望得到这份工作的强烈愿望，或者他非常在意这个职位，就一定会先在网上了解一下公司的状况，因此你可以问他对公司了解多少。如果对方回答："贵公司去年的销售额是××，相比前年高了60%，我很好奇这个增长率是通过公司战略调整实现的，还是行业利好的关系？"能够如此精确地提出这样的问题，相信每个面试官都会印象深刻，哪怕是应聘者提前背一组公司的数字，提问的时候顺带提出来的，至少显示了他的诚意。

（五）共进午餐的考验

某公司的首席执行官沃尔特·贝廷格考虑聘用某人的时候，他会邀请这些人共进午餐。他会早早到达，将侍应生叫到一边，给上一大笔小费，让他上错所请应聘者点的东西。随后他坐在一边，观察应聘者的反应。他认为：这将有助于自己弄明白应聘者如何应对逆境，应聘者是生气、沮丧还是理解。生活是这样，生意也是这样。这只是一种看透应聘者内心的方法。此外，午餐的好处在于午餐时肯定要闲聊，比在办公室严肃谈话更容易了解一个人。正式面试中的严肃谈话有一个严重缺陷：可能刻意隐藏，而在吃饭的时候比较放松，最容易显露自己的本来面目。

三、面试要注意的其他问题

面试中要特别注意跳槽频率过高的人，例如3~6个月换一份工作，这些人不停换工作只是为了赚出场费，因为过了试用期就露馅了，然后混一天是一天，直到待不下去。但他们似乎天生都有一种能力——擅长面试，他们乐观、友好、魅力无穷，一旦被录取，这个人不会给公司带来任何价值。如果没有完成销售任务，他们总能编出各种理由和借口，或者吹嘘有一个大单正在跟踪，不日将会下单，反正等谎言实在编不下去了，或者被公司解雇，或者自己离开，然后找下一个东家。当然，诸如此类的信息如果在履历表里出现，在初步筛选阶段就会被排除。如果履历表被做了技术处理，就需要在面试阶段潜心发现。以下是面试中需要注意的蛛丝马迹：

（1）不熟悉以前的公司。面谈中，在与此人讨论以前工作的责任范围时含糊其辞，其对过去工作的公司组织架构、人事不清楚，甚至有可能不知道公司总经理的名字，对以前的产品知识也不熟悉。

（2）抨击过去的上司。潜意识里为频繁跳槽找借口。虽然有数据表明员工80%的离职原因与直接上司有关，到底是谁的过错很难判断。

但一个抨击前老板的人至少是一个斤斤计较、不易相处的人，在下一家公司他抨击的对象就有可能是你了。

（3）过错都是前公司造成。公司太乱、产品太差、领导没水平，自己一点责任都没有，推卸责任无担当，其实是为频繁跳槽找借口。在销售管理中，我们会发现，越是销售工作做得差的销售人员，他的抱怨和借口就越多，而成功的销售人员总是在不断地寻找成功的方法。

（4）无合理离职理由。一个在前公司落荒而逃的人当然没有合理的离职理由，有理由也是编的。我曾经听到的一个应聘者最奇葩的离职理由是：厕所不干净，没放卫生纸。

（5）前公司待遇好过现在。有骑马找马的嫌疑，也许是找一个下家先过渡一下，然后整理心情再出发。

（6）声称目前有工作，但同时表示可以马上来上班。有可能是想尽办法脱离现有工作的窘境或已经失业了。

（7）简历中有意忽略前公司的资料，有意掩盖一些不利的信息。

四、面试的“四三法则”

所谓“四三法则”就是：至少面试三个应聘者、每个人面试三次、选择三个面试地点、让三个人参与面试。三个到五个面试者是比较合适的，这样有选择的余地，但同时与每个应聘者有足够的沟通时间。为什么要面试三次？一般来说，第一次面试应聘者比较警觉，会表现出最好的一面，第二次或第三次面试你可能会观察到一些第一次面试没有注意到的事情。至于选择三个面试地点的理由是：一个人在你的办公室可能表现的非常专业，当你和他在对面咖啡馆喝咖啡时，他可能会表现出完全不同的性格。一般来说，三次面试：第一次在办公室，第二次可以在咖啡厅，第三次可以安排一起吃晚餐，这比在办公室严肃谈话更容易了解一个人。在第一次面试以后，销售经理应该花几天时间思考应征者的回答，他们的回答是否合理、有什么疑问之处。

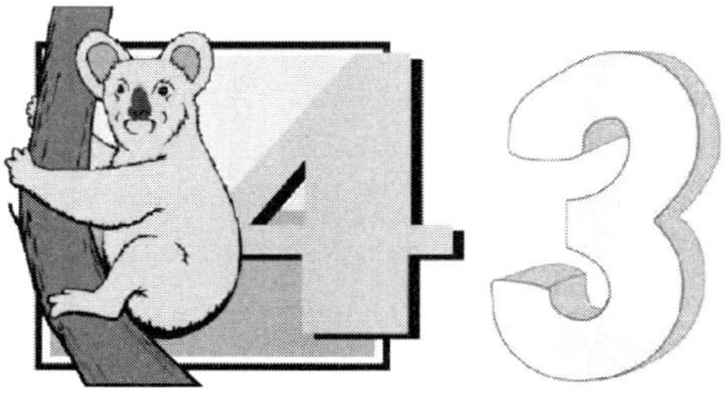

“四三法则”很重要

一个人看问题总有疏漏和不全面的时候。让另一位同事参与第二次的面谈，听听他们的意见，这样可以降低销售经理被蒙蔽的概率。在做最后决定前，销售经理或许希望加入高层主管的意见，有时候领导希望在同意雇用前亲自面试，有你的主管加入的好处之一就是万一决定不对，你也只承担部分责任。但是请注意：多人参与面试一定要结构化，也就是评估的内容要标准化、结构化（见某公司销售人员面试表）。最忌讳几个面试者都凭感觉与应聘者交谈，最后的结果往往是不准确的，也没有可比性。

某公司销售人员面试表

<table>
<tr><td colspan="3">销售人员能力要求及等级</td><td colspan="3">应聘者具有能力等级</td></tr>
<tr><td colspan="2">能力要求</td><td>能力等级</td><td>第一次评分</td><td>第二次评分</td><td>第三次评分</td></tr>
<tr><td rowspan="3">职业素养</td><td>结果导向</td><td>4</td><td></td><td></td><td></td></tr>
<tr><td>工作主动性</td><td>4</td><td></td><td></td><td></td></tr>
<tr><td>团队意识</td><td>4</td><td></td><td></td><td></td></tr>
<tr><td rowspan="3">知识</td><td>行业知识</td><td>2</td><td></td><td></td><td></td></tr>
<tr><td>公司知识</td><td>2</td><td></td><td></td><td></td></tr>
<tr><td>产品知识</td><td>2</td><td></td><td></td><td></td></tr>
<tr><td rowspan="5">技能</td><td>客户分析</td><td>3</td><td></td><td></td><td></td></tr>
<tr><td>建立信任</td><td>3</td><td></td><td></td><td></td></tr>
<tr><td>挖掘需求</td><td>3</td><td></td><td></td><td></td></tr>
<tr><td>介绍产品</td><td>3</td><td></td><td></td><td></td></tr>
<tr><td>异议处理</td><td>3</td><td></td><td></td><td></td></tr>
<tr><td rowspan="4"></td><td rowspan="2">意见：</td><td></td><td>通过：</td><td>通过：</td><td>通过：</td></tr>
<tr><td></td><td>淘汰：</td><td>淘汰：</td><td>淘汰：</td></tr>
<tr><td>面试人：</td><td></td><td>签名：</td><td>签名：</td><td>签名：</td></tr>
<tr><td colspan="5">总体评价：</td></tr>
</table>

注：

（1）新招聘人员需要满足该职位的基本能力素质要求（如 70% 的上述能力要达到要求）。

（2）选择标准时，软性能力（职业素养）比硬性能力（知识技能）更应该受到重视。

第六节　背景调查要注意的问题

背景调查的目的很明确，在正式录取前对应聘者的信息做最后的确认。应聘者的简历可能会存在某种程度的夸大甚至伪造，伪造教育经历、过分吹嘘曾经拥有的职位和承担的责任、夸大工资收入等。这些在正式的面试中无法完全发现，所以在正式录取前必须通过背景调查确认。但背景调查首先要征得对方的同意，如果对方不同意，其诚信度本身就说明了问题。另外，正式录取前不要和现任雇主联络，以免引起不必要的麻烦。

背景调查一般要问几个问题：在前雇主公司工作的日期、职位和头衔、工作职责、工作表现、离职原因等。询问工作日期时不要问“某人是否在某某时间段在贵公司工作”，最好说“某人在什么时间在贵公司工作”。不要问应聘者的表现如何，你可能得到的回答就是：不错。最好说：“某人工作中有什么需要改进的？如果有机会，你会再次雇用他吗？”绝大部分企业是通过电话寻访的方式进行背景调查的，另外两种方式分别为熟人了解和档案查询，一般学历/证书等都可以通过档案查询的方式得到核实。

背景调查一般要问几个问题

第七节　使用性格测试帮助选择

如果有两三个候选者无法定夺，性格测试可以帮助你做最后的选择。但测试只是一个辅助工具，不能完全代替你的判断和决策。

上世纪20年代，美国心理学家威廉·马斯顿博士发表一套理论，用于解释人的情绪反应。他设计了一种可测量四项重要性向因子的性格测试方法，这四项因子分别为Dominance、Influence、Steadiness、Compliance，而这套方法以四项因子的英文名第一个字母命名为DISC。对大多数人而言，这四种类型兼而有之，但其中必然有一种类型占主导地位。

D型/决策高手：自尊心极强、易怒；希望别人直接回答；握手正式有力、说话快；控制表情；陈述多、喜插嘴。

I型/公关高手：特征为乐观且情绪化；希望吸引大众注意；握手正式有力、直接目光接触；活泼表情、休闲的姿态；喜欢身体接触；选择性倾听。

S型/EQ高手：宽容、情绪平稳；希望维持原状、不改变；握手正式温和、缓慢温柔；避免目光接触、活泼表情；陈述少、很好地倾听者；慢慢点头。

C 型/分析高手：高标准、完美主义者；希望别人提供详细资料；握手正式温和、缓慢温柔；避免目光接触、控制表情；陈述少、批评式倾听；手掌紧握、搓下巴、擦眼镜。

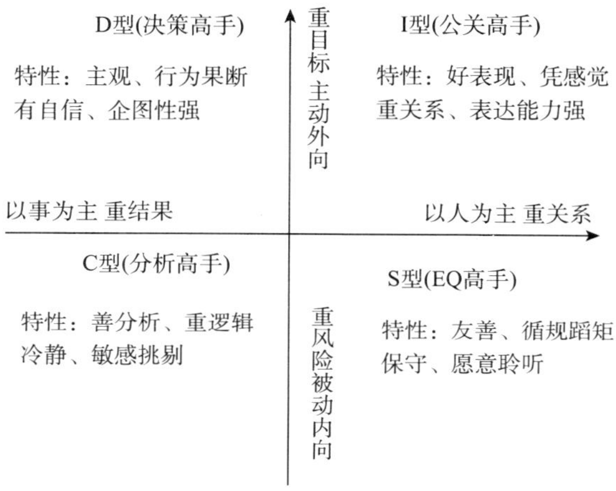

四项重要性向因子

在一个忙碌的早晨，当你在等电梯时，你通常会看到以下几种类型的人：

（1）直接进入电梯，按按钮把门关上。——D 型/决策高手

（2）总是让别人进电梯，并说：“快进来！一定还有地方站的。”——I 型/公关高手

（3）会耐心的排队，但会从这一列移到下一列，看起来犹豫不决，若电梯看起来满了，他就会等待下一次机会。——S 型/EQ 高手

（4）走进电梯后，若感到很挤，他们便会开始数人，如果人数超过限制，他们会叫人出电梯。——C 型/分析高手

D 型（决策高手）性格的人具有强烈的目标导向，工作勤奋，加班加点没有怨言，适合开拓新市场、新客户。但他们没有耐心，不适合

做客户维护和售后服务的工作。

I 型（公关高手）性格的人总是会很快获得客户青睐，拥有不错的客情关系，应酬和关系型销售是他们最喜欢的销售方式，但他们常陶醉过程而忘记目标，适合做前期客户开发的工作。

S 型（EQ 高手）性格的人为人做事低调、实在，同时也是一位非常好的聆听者，他们更适合做维护客户或售后服务工作，但不适合开拓新市场、新客户。

C 型（分析高手）性格的人讲求计划性，善于分析事物，谋定而后动，但为人不热情，他们更适合做销售的管理工作。

案例思考 5：

公司要招聘江苏销售经理，来参加面试的有三位候选人。主考官在半小时里，对第一位候选人问了以下三个问题：

（1）这个职位要带领 10 个人的队伍，你认为自己的领导能力如何？

（2）销售经理需要与公司其他部门有较多的沟通和协作，你觉得自己具有较好的团队精神吗？

（3）销售职位压力大，并且需要经常加班，你觉得自己能适应这种工作状况吗？

你觉得主考官的提问方式如何？他应该如何提问？

案例思考 6：

ABB 工程公司招聘

候选人	张三	李四	王五	赵六
年龄	40	26	29	32
教育经历	大专学历，旅游专业	2011 年上海交大硕士，机械自动化专业	国外大学本科，商科专业	本科学历，电气专业
语言能力	英语较差	英语六级	英语流利	英语六级
工作经历	10 年以上民营企业针对火力发电厂销售经验，是原企业的“王牌”销售。熟悉行业、业务能力强、擅长关系营销	学生会主席；1 个月肯德基服务生、6 个月世博志愿者工作经验	3 年同行业非竞争产品民营企业销售经验	5 年西门子同类产品销售经验，面试前 9 个月在家待业
性格特点	成熟稳重，待人接物都比较得体	自信、外向、自尊心强	擅长沟通交际	说话不多，不善言谈
业余爱好	打麻将	运动	投资理财	读书
初试印象	第一次面试与招聘团队谈的很投机，并许诺如进入公司，能接到几个现成大单	表现欲强，自我感觉良好，渴望成功	开豪华跑车面试的富二代，但没有任何浮夸之气，为人诚恳，对事物独立思考、有独特的想法	感觉自信心不足，有点自卑
问题：如果你是 ABB 的面试官，你觉得谁是最合适的人选？				

第四章

Chapter 4

销售监督和行为驾驭

自我检测

销售人员对填写销售报表很抵触，或者用数字胡乱编写对付领导	Yes/No
说老实话，我也没多少时间看他们写的报表	Yes/No
销售例会常常变成领导发飙会、销售人员抱怨会、闲聊会	Yes/No
我信任我的团队，只要完成目标，其他我一概不过问	Yes/No
我与所有属下关系很好，喜欢与他们打成一片	Yes/No
以前大家都是一起玩的，现在我升职做经理，照顾一下也应当，我不是一做官就忘记老朋友的人	Yes/No
在销售人员面前妄议领导或抱怨公司的政策	Yes/No

作为销售经理，如果上述问题你的回答都是NO，就可以忽略本章直接进入第五章，如果你的回答大部分是YES，就很有必要跟随笔者对如何进行销售人员的监督和行为驾驭做一下研究，掌握销售管理的第三个关键点的管理方法、技巧和工具。

第一节　检查的力量

巴林银行集团曾经是英国伦敦历史悠久、名声显赫的商业银行集团，素以发展稳健、信誉良好而驰名，其客户也多为显贵阶层，英国女王伊丽莎白二世也曾经是它的顾客之一。巴林银行集团的业务专长是企业融资和投资管理，业务网点主要在亚洲及拉美新兴国家和地区。1994年，巴林银行的税前利润高达1.5亿美元，银行曾经一度希望在中国拓展业务。然而，次年的一次金融投机彻底粉碎了该行的所有发展计划。在1995年的时候，巴林银行就被荷兰国际银行收购了，收购价格是每股一美元。

巴林银行破产的直接原因是新加坡巴林公司期货经理尼克·里森错误地判断了日本股市的走向，他是从摩根士丹利跳槽过来的一位非常优秀的员工，因为能力突出，给公司带来了很好的业绩，所以导致最后的失误越来越大。原来巴林银行有一个规定，如果员工帮助客户购买衍生性产品的时候出现一些交易失误，给公司带来损失，只要在一定的额度之内及时向公司上报就可以免责。后来里森开了一个账号，一旦给银行带来损失就把亏损转到这里面。

因为里森成了巴林银行的英雄、明星员工，所以尽管银行有着十分严格的检查系统和审计部门，但是英国总部并没有及时检查里森，从而导致损失越来越大。而里森为了维护自己明星员工的光辉形象，并没有把真实情况上报给英国总部。他自己都不相信英国总部竟然没有来检查，后来他伪造了一张花旗银行的支票，英国总部都没有打电话向花旗银行确认。

1995 年 1 月，日本经济呈现复苏势头，里森看好日本股市，分别在东京和大阪等地买进大量期货合同，希望在日经指数上升时赚取大额利润。天有不测风云，1995 年 1 月 17 日突发的日本阪神地震打击了日本股市的回升势头，股价持续下跌。巴林银行因此损失金额高达 14 亿美元，这几乎是巴林银行当时的所有资产，这座曾经辉煌的金融大厦就此倒塌。巴林银行集团破产的消息震动了国际金融市场，各地股市受到不同程度的冲击，英镑汇率急剧下跌，对马克的汇率跌至历史最低水平。

事发后，里森被警察抓走送进了监狱，他用半年的时间在监狱里面写了一本书，这本书叫《我是如何弄垮巴林银行的》。他在书中谈道：对一个公司来说，如果你为谁好，就应该检查谁；如果你想害谁，就去纵容他。人们不会做你希望的，人们只会做你检查的。

越是相信谁，就越要检查谁；越是检查谁，就越是相信谁。先小人后君子，大家都是君子；先君子后小人，大家都是小人。摧毁公司的人，不是那些你提防的人，而是那些你根本想不到要提防的人。IBM 前总裁郭士纳曾经说过：“你强调什么就检查什么，如果不检查就等于不重视。”

监督管理的目的就是为实现销售目标而进行差异分析（销售人员

的过程监督），并采取纠偏措施（销售人员行为驾驭）的过程。说得通俗一点，就是在最坏的情况没有出现以前，及时采取措施让销售进程回到正确的轨道上来。如同到医院看病，早发现早治疗，因为真的到不可收拾的地步，就回天无术了。

有一个阿凡提的故事很有趣。有一天，阿凡提对新仆人说："你每天必须在6点以前把三个水缸的水挑满了，不过你可不能把桶打破，如果打破，要打你三个耳光，再罚你一天不能吃饭。"仆人说："我记住了。"刚说完，阿凡提上来就打仆人三个耳光，并罚他一天不能吃饭。仆人觉得莫名其妙，还没挑水，水桶也没有打破，为什么打我、罚我。阿凡提说："等水桶打破了再打你、罚你有什么用，不如现在让你长记性。事后惩罚不如事前提醒。"

领导总是最后一个知道坏消息。基辛格曾经说过。"最后必须暴露的事情，应该立刻暴露。"因此，我们希望早一点发现销售人员的问题，一个好的销售也不可能一夜之间变成问题销售，如何更早地发现，在他的业绩掉到谷底以前及时采取纠偏措施还为时不晚。由于销售业绩的滞后效应，当前的业绩数字无法完全反映实际状况的时候，销售经理要关注过程、关注工作目标、关注销售人员每天的行为、每天的活动细节，例如销售人员拜访客户的数量、和客户交流的时间有多长、是否在和重要的客户对话等。那么，有没有一些蛛丝马迹来帮助我们判断销售人员是不是有麻烦了？以下是预计销售人员业绩不佳的早期信号：

（1）抱怨目标无法达成，还包括抱怨公司产品、服务问题多多，说市场环境很差。销售人员抱怨目标太高是常态，当这样的话一而再再而三地出现时，销售经理就应该注意了，这类销售人员有一种“自我实现的预言”。

（2）任务无法按期完成。工作无计划，或虽有计划但布置的任务打折扣、无法按期完成。例如原定要拜访的客户没有拜访、原定与客户的技术研讨会推迟，当然其“理由”也会是很充分的。

（3）迟交销售报告，或者质量达不到公司要求，有明显编造的痕迹。例如每次都列出相同客户、很少有具体拜访记录、很少记录人名及电话等。

（4）声称客户推迟购买。如果你问为什么没有完成目标，他可能说项目推迟了，订单将在下一个季度实现，总之，希望还是有的。况且更大的订单在下半年，声称手头有一个大单在跟进。如果你问项目到什么节点了、项目的关键人是谁、有多少个竞争对手、他们在干什么，基本上一问三不知，说到底，这种所谓的大订单要成功只能靠运气。

（5）躲避上司。那位声称有一个大单在跟进并且成功希望相当大的销售人员，你发现他最近好像躲着你，开会最晚到，结束后又匆匆离去。当你问他那个客户究竟跟到什么阶段了，他的回答通常是：客户说我们的产品太贵了，或者竞争对手的关系太硬了，不过还有另一个项目的希望很大。

（6）公司太烂，准备跳槽。在公司内部散布负面消息，公开讨论其他工作机会，其他公司待遇多么好，其他公司正急切地盼望他去一展身手。

（7）工作毫无热情、心情非常沮丧，每天尸位素餐般地生活。

第二节　监督管理的四种手段

刘峰手下有位叫大李的资深销售人员，在公司任职已经超过5年。大李给刘峰及同事的印象一向是勤奋工作、热情、口才好、工作独立性强。用同事们的话说，很有“忽悠”的能力。他从一个行业的门外汉通过自学，逐渐在公司站稳脚跟。

大李的销售及沟通技巧在团队中算是比较出色的。虽然他是半路出家进入这个行业，但刘峰对他跟进客户的个人能力比较放心，很少介入他的客户跟进流程。每次刘峰问他：“大李，有什么需要我帮助的吗？”他总是很自豪地说：“暂时没有，您看好吧。”只是从今年年初开始，当其他销售人员的业绩都在大幅度增长时，大李的业绩只是稍有提升，没有太大的突破。但是从表面上看，大李努力地约见客户、勤奋地外出拜访，而且非常认真地填写该填写的工作报表及工作计划。刘峰有时在吃饭间隙也曾和他沟通过，大李信誓旦旦地说：“您放心，我一定加倍努力。”

因为公司今年期望团队业绩增长150%，而大李是团队中的重要一员。如果他继续这样下去，肯定会对团队完成公司期望的目标带来很大的压力。而且刘峰觉得，按照大李的个人能力和工作努力程度，他理应比现在做得更好。

大李的业绩虽然没有明显的下降但远远低于团队的水平，这与他的实际水平是不相符的，作为销售经理早就应该警惕了。在销售团队中，一定有大李这样的销售人员需要特别加强监督的。作为销售经理，在没有了解清楚问题和原因之前，应该通过哪些途径、采取哪些具体行动？

销售经理有效的监督管理手段有四种：销售报表、随访督察、销售例会和个别谈话。

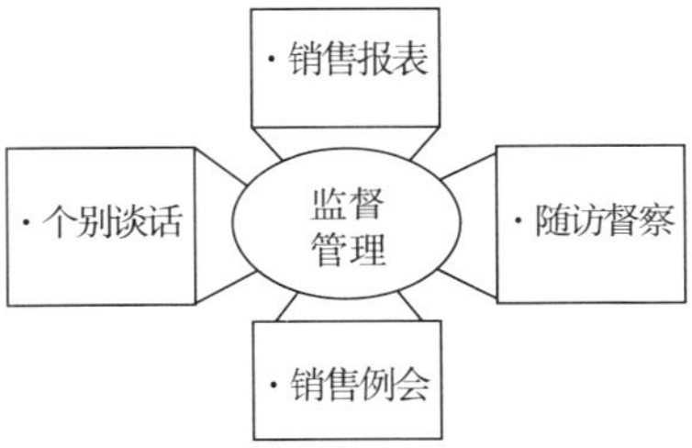

有效的监督管理手段

销售人员有时会抱怨：晚上睡觉蚊子叮，白天上班主管盯，甚至不理解上司怎么一点都不相信自己。但是，监督管理是为了达到销售目标而采取的必要的管理手段。要知道，大部分销售人员是缺乏自我管理能力的，由于人的天然惰性，必须不断地督促和激励才能不断前行。

同时，销售经理监督的缺失和对管理的放任自流，不但是对所在公司不负责，对下属的前途同样也是不负责任的。要知道一个新员工或大学刚毕业的人来到你的公司，把自己最年轻、最美好的时光投资给了公司，是需要获得回报的。然而当十年后，其一事无成、生活窘迫，也没有学到任何有用的东西，作为上司的你是有不可推卸的责任的。当然，如何寻求管理适当的平衡也是我们随后要讨论的课题。

第三节　销售报表

一、销售报表的种类

本人曾亲身经历过，一个销售文员一天需要花 10 小时完成 26 张不同的报表，而这 26 张报表中，有 23 张报表几乎无人审阅，更没有相应的反馈。而文员所做的数据报表，是有 100 个一线销售人员提报的各种手工数据，大量的打印、复印报表，传真、邮件，造成巨大的浪费。这些低效的工具管理慢慢地就形成恶性的体制，演变成文化，最后拖垮一线销售团队。

销售报表在四种监督管理手段中也是最不受销售人员欢迎的。

第一，销售人员认为自己业绩已经很好了，没有必要再提供报表，认为很麻烦、多此一举。

第二，不了解提交销售报表真正的目的是什么。

第三，逆反心理。因为销售报表基本是提供给领导或市场部门，有些市场报告被认为是市场部无事可做才想出报表来弥补工作量。有些公司要求销售人员每天填写的销售报表复杂无比，耗费了销售人员大量的时间，也影响了销售人员的日常工作。结果是销售人员要么不交、迟交报告，要么胡编滥造，不但没有起到监督管理的作用，反而误导了领导的决策和判断。

首先，是报表本身的问题。销售人员每天花在报表上的时间30分钟左右为宜。过多的文字时间不但会挤占正常的业务活动的时间，而且会让销售人员产生厌烦心理，因此有必要对目前已有的表单进行审核和简化。哪些报表是必要的，对业务是有帮助的？哪些报表看上去很美，却是业务发展的障碍或拖累了我们的前进的速度？有效的报表体系除了提供监督管理的功能外，还能为销售人员的自身业务提供指导和帮助。

销售报表的设计还与销售模式有关，是项目型销售模式还是客户型销售模式？项目型销售模式中，客户是一次性采购、单笔金额大，有明确的开始时间和明确的结束时间，客户的采购决策流程复杂、采购周期较长，客户的采购组织涉及范围广、更复杂，参与决策人更多。客户型销售模式往往是长期不间断的采购，具有持续性，有着明确的开始时间，但没有明确的结束时间。客户型销售模式中，如果客户是首次采购，其销售流程的复杂程度更接近于项目型销售模式，如果客户只是重购或修正重购，其采购决策流程更简单，客户的采购组织也简单，参与决策的人相对少一些。前者需要的销售表单主要有销售漏斗表、项目评估表、客户关键信息表、行动计划（年计划、月计划、周计划），后者的销售表单主要包括年计划、月计划、周计划和日报表。

其中，项目型销售模式中最重要的两个报表是销售漏斗和周计划，这是销售报表的最低限度。特别重要的项目，需要公司资源整合和价格支持的，还可以要求填写项目评估、关键信息、竞争策略等表单。一般不需要项目型销售模式的销售人员填写日报表，因为项目不太可能天天有进展，另外对项目型的销售我们不太在意销售人员每天做什么，关键还是看销售的进展，什么时候到达下一个里程碑才是销售经理应该关心的。

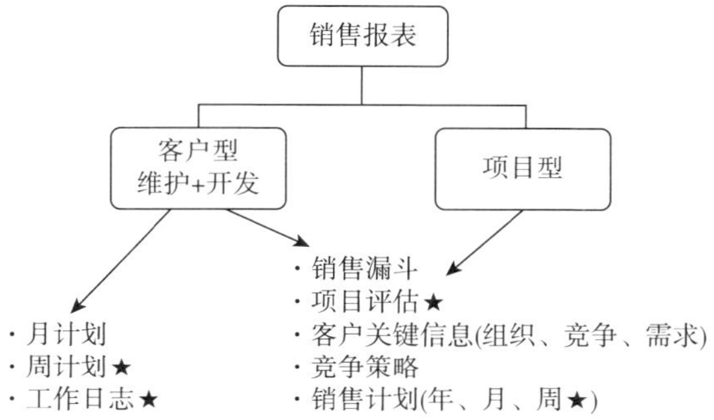

销售报表的设计与销售模式有关

而客户型销售模式可以分为开发和维护两个阶段，在新客户开发阶段采用类似于项目型销售模式的报表形式。但大部分销售人员都在维护客户的情况下，其主要工作是信息收集、提供客户关怀、客户关系强化、投诉处理等服务。而客户型销售人员关键是看他有没有做、规定动作是否到位，这一点在消费品销售中表现得尤为突出。拜访八步骤：准备工作、检查户外广告、向客户打招呼、售点生动化、检查售点库存、建议订单、确认订货、结束拜访，强调每个步骤要做到位。因此，客户型销售模式周计划和日报是销售报表的最低限度。

销售漏斗报表

姓名：　　　　区域：　　　　日期：　　　　领导签字：

项目名称	产品	合同金额	合同时间	客户姓名	采购角色	立场	重要性	里程碑	成功率	预计销售	行动计划
体育中心	防火板	100	10.5	张三丰	设计	支持	高	业主考察	60%	60	What Who How When Why
				张无忌	甲方	中立	一般				
				赵敏	总包	反对	一般				
大剧院	系统	50	11.6	段誉	甲方	反对	重要	设计指定	50%	25	
				肖峰	总包	中立	一般				
				阿朱	设计	支持	一般				
展览中心	系统	50	12.9	韦小宝	甲方	支持	一般	方案讨论	40%	20	
西郊别墅	耐水板	50	12.20	杨过	设计	支持	重要	方案讨论	40%	20	
合计		250								125	

周行动计划表（项目型适用）

姓名：　　　　区域：　　　　日期：　　　　领导签字：

时间/When	项目/What	拜访对象和联系方式/Who	地点/Where	目标 Why	策略/How	里程碑	达成结果
周一	体育中心	拜访总包项目经理赵敏 1356478×××××	上岛咖啡	说服改变立场，呈报我方产品	为总包预留更多的价格空间	业主考察	
周二	大剧院	拜访现代设计院阿朱 1234567××××	现代设计院	指定我方产品的数据	送邀请函，邀请她参加计算研讨会	设计指定	

续表

时间/When	项目/What	拜访对象和联系方式/Who	地点/Where	目标 Why	策略/How	里程碑	达成结果
周三	展览中心						
周四	西郊别墅						
周五	万达广场						
周六							
周日							
需要资源和预算/How much							

周工作计划表（客户型适用）

姓名：　　　　区域：　　　　日期：　　　　领导签字：

下周大事	1. 2. 3.				
时间	工作内容	拜访对象	联系方式	拜访目标	达成结果
周一					
周二					
周三					
周四					
周五					
考核达成	项目	考核指标		目标达成	
	订单量				
	拜访量				
	回款				
备注					

工作日志表（客户型适用）

姓名： 区域： 日期： 领导签字：

拜访内容	拜访对象	联系方式	开始时间	结束时间	达成结果	跟进工作	跟进时间
备注纪要：							

二、如何有效使用销售报表

刘峰对大李跟进客户的个人能力比较放心，已经很少介入他的实际工作了。这次，刘峰为了了解大李的情况，从销售助理那里找来大李所有的销售报表，查阅了他提交的最近一段时间的《周工作计划》。其中，有家叫荣威集团的客户在周报表中的记录引起了刘峰的注意。这个客户是大李年初起就开始接触和跟踪的。

二月份第三周

时间	工作内容	拜访对象	达成目标	协同拜访人员	地点	备注说明
周一	与荣威集团沟通设备的技术及质量问题	采购张经理 技术部李工程师	通过介绍，赢得客户对产品的足够信任 争取能在下次面谈中与周总亲自见面	无	荣威会议室	准备详细和全套的产品资料及质量证明 制作并准备介绍的PPT 进一步熟悉产品知识

三月份第一周

时间	工作内容	拜访对象	达成目标	协同拜访人员	地点	备注说明
周三	与荣威集团最高层沟通合作细节	周总 采购张经理	通过介绍，赢得周总对产品和我公司的信任 发现尚存在的阻力和问题	无	荣威会议室	准备详细和全套的产品资料及质量证明 事先了解周总的个性和喜好

三月份第三周

时间	工作内容	拜访对象	达成目标	协同拜访人员	地点	备注说明
周五	与荣威集团沟通草签合作意向事宜	采购张经理 生产部王经理	沟通和解决最后的一些细节和疑问 争取三月底前草签协议	无	荣威会议室	把合同范本准备好 认真考虑所有的细节并事先准备

四月份第二周

时间	工作内容	拜访对象	达成目标	协同拜访人员	地点	备注说明
周四	与荣威集团沟通草签合作意向事宜	采购张经理 李副总	沟通和解决最后的细节和疑问 争取解决客户对价格的异议 争取四月底前草签协议	无	荣威会议室	认真考虑所有的细节并事先准备 在价格问题上多准备对策

四月份第四周

时间	工作内容	拜访对象	达成目标	协同拜访人员	地点	备注说明
周三	与荣威集团沟通草签合作意向事宜	采购张经理	询问与了解客户内部的流程 促使客户尽快签约	无	荣威会议室	认真考虑所有的细节并事先准备 在价格问题上多准备对策

五月份第三周

时间	工作内容	拜访对象	达成目标	协同拜访人员	地点	备注说明
周一	与荣威集团沟通草签合作意向事宜	采购张经理	询问与了解客户内部的流程 促使客户尽快签约	无	荣威会议室	认真考虑所有的细节并事先准备

六月份第四周

时间	工作内容	拜访对象	达成目标	协同拜访人员	地点	备注说明
周二	与荣威集团沟通草签合作意向事宜	采购张经理	询问与了解客户内部的流程 促使客户尽快签约	无	荣威会议室	认真考虑所有的细节并事先准备

仔细阅读完大李的《周工作计划》，刘峰发现了一些问题：首先，大李按原计划在三月底要完成订单、签订合同，但一直到6月底，3个月时间，销售毫无进展、几乎停滞，什么原因？订单丢失还是客户推迟采购？其次，从四月份开始，大李的周报表的内容几乎没有任何变化——工作内容、拜访对象、达成目标、地点，甚至备注说明都是雷同

的，他在做有效的拜访吗，还是在编故事糊弄领导。另外，在整个拜访过程中，公司几乎没有任何技术人员与大李协同拜访。

一个好的销售人员不可能一夜之间变成问题销售，如果刘峰能早一点检查大李的报表，早一点发现问题，就能在订单丢失前及时采取纠偏的措施，也许还有挽回的余地。作为大李的上司，刘峰过于相信大李的能力，长时间不看下属的报表是失职的。因此，有了销售报表这个工具，并不代表可以自动实现监督管理的功能。

另外，如果销售人员费老大劲完成的销售报表却被束之高阁，销售经理根本不看，报表只是一种表面形式，根本起不到管理的作用，反而浪费了销售人员的时间。

如果销售经理确实也查看了下属的报告，但却不知道如何有效地运用这个工具，缺乏解读销售报表的必要技巧，无法看出下属工作中的问题所在，销售报表的管理作用也大打折扣。如何使用销售报表这个工具来推动业务发展，实现团队的销售目标，需要销售经理掌握一定的方法和技巧。

(1）如何推动销售报表执行?

首先，销售经理要认真阅读团队成员的销售报告，发现下属在业务中存在跑偏的现象要及时反馈和采取纠偏措施。看完销售报表后应签名或回复已阅，如果下属知道销售经理仔细阅读报告，其对销售报告的重视程度也将提高。如果销售经理确实工作比较忙，没有时间对每个下属的报告进行仔细阅读，也可以采取抽查的方法，对被抽查的报告尤其要仔细阅读，甚至一个错别字、一个标点符号。当下属知道你如此仔细，就能对其保持一定的权威性，避免他们胡乱填写。抽查的对象应该是手头有重要项目或重要客户在跟的下属、目标完成有问题有困难的下属、刚进公司的新员工，或者对你的行程感兴趣、看到你躲着走的人。

其次，对一些不懂得正确填写销售报告而导致报告的质量无法达到公司要求的，要耐心地指导。销售人员在填写工作内容或拜访目标时常见的问题是简单笼统，如收集信息、客户沟通、建立关系等。应该要求写细节，收集了哪些信息、和客户沟通了什么、如何建立关系的，确保销售人员充分理解、掌握表单的填写方法。

另外，对一些表单填写质量好、上交及时的员工，要及时给予表扬和鼓励。对不愿意填写销售报表或拖拉的销售人员除了给予批评外，还可以采取一定的行政措施，如不交报告不给报销等。当然，对一些胡编乱造的销售人员，也可以采取现场验证的方法，一经发现按照公司的制度给予严厉的惩罚。当然，这种验证方法要特别谨慎，最好不要直接问客户，可以用一些迂回的方法，例如“我是大李的主管，他上周拜访你以后，我们公司又有了一些新的政策，我想提供给你参考。”如果大李没有去过，客户就会告诉你，并询问有关新的政策事宜。

（2）如何解读销售报表？

销售漏斗表是每个销售人员手头所有项目的罗列和总结，要求销售人员时时更新项目信息，在每周五下班以前上交，销售经理在每次周会前（周会一般安排在下周一的上午）将下属的销售漏斗表仔细阅读完毕，需重点关注销售漏斗表中的两大信息：容量指标和流动指标。

漏斗是容器，必须有足够的项目数量才能产生足够的订单。漏斗中的项目数量、项目总额、预计总额、项目线索、项目新增都是容量指标。其中，最重要的容量指标除了项目数量就是预计总额，将罗列项目销售与对应的阶段成功率相乘，累加起来就是预计总额。漏斗中项目的数量变化会导致预计销售总额的变化，注意与该销售人员的月计划和年度销售目标对比。如果存在差距，要求其寻找更多的项目线索，让更多的新增项目进入漏斗。

流动指标包括进展（率）、流失（率）、停滞（率）、成功（率）。进展意味着项目的流程在向前一个里程碑推进的数量，流失意味着项目丢失的数量，停滞是项目在原地踏步没有任何进展，而成功是说有多少项目拿到订单、签订了合同。当然，这只是一个绝对数，如果要与行业平均水平、团队平均水平或者和自己的过去业绩比较，还需要将进展、流失、停滞、成功除以项目的总数量，获得进展率、流失率、停滞率和成功率。

进展指标表示健康，流失指标是既成事实，停滞指标需要特别关注，成功指标是成果。销售经理要尤其关注项目停滞的指标，这往往是危险的信号，销售人员往往会解释是项目暂停了，但一定要找出项目停滞背后的真正原因，才能制定有针对性的策略和行动计划。还要帮助销售人员分析项目流失的原因，总结经验，在未来不犯同样的错误。另外，要注意有些销售人员出于各种原因会少报项目信息，或将项目的推进阶段故意停留在里程碑的初期。

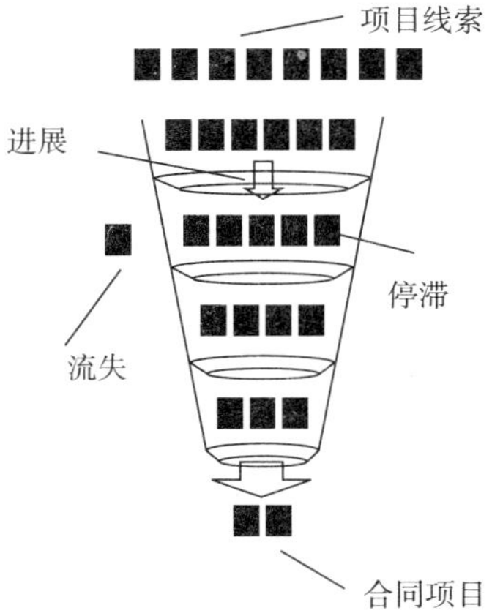

容量指标	项目数量	漏斗中的项目数量
	销售总额	未考虑不同里程碑成功率
	预计总额	考虑不同里程碑的成功率
	项目线索	未立项的项目
	项目新增	新的立项项目
流动指标	进展（率）	项目向前推进
	流失（率）	项目中途失败
	停滞（率）	项目无进展
	成功（率）	合同项目数量

如何解读销售报表

项目型销售模式的周报表其实就是销售漏斗中每个项目的具体行动计划，两者之间应该承上启下、有逻辑关系。项目周报表依据5W2H的方法填写——When（拜访时间）、What（什么项目）、Who（拜访对象）、Where（地点）、Why（拜访目标）、How（采取的策略）、How much（需要资源），其中要特别重点关注拜访目标，销售人员容易把拜访目标写成：搜集信息、建立关系、介绍产品、提供方案。严格来说，这不是目标，是为实现目标做的一系列工作。做了这些工作，销售仍然可能失败。阶段性目标是从客户那里获得的承诺或者是里程碑，只有它才有助于推进销售。例如客户同意参加一个产品演示会，让你见更高一级决策者；来工厂参观考察，客户邀请你参加投标等。华为对销售人员的评估之一就是销售人员能否成功邀约客户到华为公司参观。而策略How是为了达到目标，你打算怎么办的方法。

长期稳定合作的大客户、OEM 客户、经销商等都属于客户型销售模式，其周报表解读的重点是：注意销售人员的新老客户比例，某些销售人员因为害怕被新客户拒绝，喜欢拜访老客户或同一客户重复拜访。如果没有一定比例的新客户拜访，未来的销售增长就会存在问题。另外，拜访客户的头衔也要注意，是否都是低层次的拜访、高层拜访有多少、只是集中在某一部门的拜访还是多部门的拜访，销售人员针对不同产品、市场时间分配也要关注。

日报表要注意每天的拜访频率是否达到公司要求。B2B 的销售模式与 B2C 的销售模式不同，前者客户拜访频率要低得多，一般公司会要求每天 3 ~4 次的客户拜访，但也取决于销售人员负责的区域内客户的分布情况。与之相关的还有拜访线路的规划和销售人员的时间管理问题，要求销售人员在路上的时间是最少的，而在客户处的时间是最多的。例如是否在最佳时机拜访了客户、拜访客户的线路规划是否合理、是否根据重要性安排拜访的优先顺序，要求销售人员利用出差途中、等候客户和下班时间写报告、填报销单，业务报告当天完成，不写回忆录。如果出现这些情况将要引起你的警惕：每次都列出相同客户、少有具体拜访记录、很少记录人名及电话等。

某电气公司周计划（项目型）

2016	周几	计划拜访时间	被访公司名称	项目名称	客户类型	被拜访者	部门
3/21	周一	09：00－10：00	会议				
		10：30－11：30	办事处				
		14：00－15：00	正大天晴药业				
		15：30－16：30	上海金钟电气		盘厂	尤总	

续表

2016	周几	计划拜访时间	被访公司名称	项目名称	客户类型	被拜访者	部门
3/22	周二	09：00－10：00	同仁堂			于总	
		10：30－11：30	微创			杨经理	
		14：00－15：00	苏宁环球		房地产	杨经理	
		15：30－16：30	合作伙伴			钟老板	
3/23	周三	09：00－10：00	汇沪电气	林静雅苑	盘厂	刘总	
		10：30－11：30	发德电气		盘厂	周工	
		14：00－15：00	苏开电力		盘厂	陈总	
		15：30－16：30	苏开电力		盘厂	张总	
3/24	周四	09：00－10：00	新城科技园			陈部长	
		10：30－11：30	苏美达				
		14：00－15：00	江苏凯盛			李总	
		15：30－16：30	金隅地产		房地产	刘总	采购部
3/25	周五	09：00－16：30	请假				

某电气公司周计划（项目型）续

2016	周	计划拜访时间	拜访目的	拜访记录	如果原拜访计划未实施，后续行动计划
3/21	周一	09：00－10：00			
		10：30－11：30	特殊教育学院盘厂沟通		
		14：00－15：00	现场拜访了解负责人情况		
		15：30－16：30	沟通明发项目		

续表

2016	周	计划拜访时间	拜访目的	拜访记录	如果原拜访计划未实施，后续行动计划
3/22	周二	09：00－10：00	让客户更加了解海格		
		10：30－11：30	了解二期项目入围是否有何阻碍		
		14：00－15：00	了解今年项目情况		
		15：30－16：30	沟通浦口国资及高新区项目		
3/23	周三	09：00－10：00	合同沟通		
		10：30－11：30	沟通项目		
		14：00－15：00	项目沟通		
		15：30－16：30	中北地产项目沟通		
3/24	周四	09：00－10：00	了解安装标品牌入围难度在哪儿		

如果销售经理看到这样一份周计划，你会怎么提问？从拜访的频率上看能够满足公司的要求，拜访对象也比较清楚，但对应的项目名称一栏没有完全填满，项目还没正式立项也要清楚地表明。同样的情况在客户类型、被拜访者、部门一栏也同样存在，如果暂时无法确定，也要注明待定待查，拜访结束后补齐。销售经理还要注意被拜访者的职务和部门，是否都是低层次的拜访、高层拜访有多少、是否只是集中在某一部门的拜访，在拜访目的这一栏，问题比较大，销售人员频繁地用了沟通、了解两个词。严格来说，这不是目标，是为实现目标而做的一系列工作，做了这些工作，销售仍然可能失败。阶段性目标是从客户那里获得的承诺或里程碑，只有它才有助于推进销售。本周结束，销售经理还需要再次检查销售人员本周的计划，如果拜访记录中显示没有达到目标，后续的行动计划是什么，或直接延伸到下周的计划中。

第四节　销售例会

B2B 的销售模式与 B2C 的销售模式有所不同，一般不主张早例会或晚例会，销售例会以周会或月度会议居多。所以，一个有效的销售会议应该设定标准议程：准时开始、结束，不要偏离主题，形成会议纪要。而一个糟糕的销售例会往往成了领导发飙会、销售人员抱怨会、茶话会闲聊会，除了浪费时间根本起不到管理队伍、促进业务发展的作用。

销售例会主要有四大主题：分析销售漏斗和报表（包括实际的销售数字差距和销售人员的活动行为），讨论下周行动计划，辅导并激励下属，团队分享成功经验。销售经理先通过报表掌握情况，然后在例会上面对面地提问、了解更详细的状况。销售报表只能暴露问题，例如目标没有达到或无法见到客户关键人等，但不能解决问题。如何解决？销售例会就是一个很好的途径来纠正销售人员的行为、分析失败的原因、提升其自信、共同制定下一步的行动方案，对于重要项目，销售经理要帮助其协调资源甚至披挂上阵提供支持。对于表现优秀的销售人员，让他们在会议上分享成功的经验，而对有问题的销售人员可以私下一对一地辅导。

例会上，销售经理如何提问？

销售经理针对下属报表中不清楚或有疑问的地方进行提问，要求销售人员回答直指问题核心的提问，可能会让他们感到不舒服，对业绩比较差的销售人员来说是一种煎熬，但是把每个客户、每个项目放在聚光灯下检查、分析、辅导并帮他们解决问题、制定行动计划，才是有效的销售会议。如果真能提升销售人员的能力和业绩，相信他们会理解，未来还会感谢有你这样苛刻的领导，让他们得到学习、锻炼与成长。

当然，例会也可以让当事人自己或团队其他成员一起分析失败原因，并提出改善的建议和行动，这是一种销售人员能够接受的方式。从心理上说，在上司的启发下通过自我分析原因并提出行动计划，执行的效率会更高些，因为方案是自己同意的，不是上司强加给自己的。否则，销售人员很可能回来对你说："老板，我按照你的方法去试了，不管用啊！"总之，让销售会议成为双方欲达成目标的对话，而不是销售经理的独角戏。

针对某个阶段的工作，可以问以下问题：

（1）该段时间做了多少次拜访？

（2）客户及潜在客户的名称？

（3）拜访的结果或预期的订单有多少？

（4）何时可能有订单？

（5）提供的产品和服务？

（6）失去的订单和客户？

（7）失去订单的原因？

（8）未按计划完成的工作？

（9）阶段目标是否完成？

（10）如果未完成是否有补救计划？

（11）需要公司提供的帮助和支持。

（12）……

针对某个项目，你可以问以下问题：

（1）你何时拜访某某公司？

（2）你在哪里和谁会谈？

（3）此人有权签约下单吗？

（4）最后决策还有其他人参加吗？

（5）你们讨论了哪些产品和方案？

（6）他们目前使用哪些产品和方案？

（7）我们的产品和方案能否解决他们的问题？

（8）他们对该次讨论的反应如何？

（9）他们是否在考虑竞争对手的产品和方案？

（10）可能的订单金额是多少？

（11）什么时候采购？

（12）如何推进这个项目？

（13）我可以帮什么忙？

（14）……

某公司项目销售问题清单

项目阶段	阶段工作描述	问题
E 阶段（Entrance）确认商机阶段	1. 了解客户基本信息	1. 客户的基本情况如何（组织架构、主营业务及规模、行业地位、信息化现状……）
	2. 分析客户需求	2. 客户对我们的产品或服务是否有明确的需求？是什么
	3. 确认客户立项	3. 客户是否有项目预算？是多少？信息的来源是哪里 4. 客户是否有项目决定权 5. 客户是否有明确的采购时间计划
D 阶段（Demand）进程确定阶段	1. 建立销售团队	6. 是否已经建立销售团队？团队的成员、分工和职责
	2. 了解客户选型进程	7. 客户有否成立项目选型小组，成员如何
		8. 该项目的决策机构图，决策者的背景、关心何种问题
		9. 项目的决策流程是什么
		10. 我们有没有内线，内线的资历怎么样
	3. 客户需求分析	11. 是否做过初步需求调研，客户三维需求是什么 应用及服务 技术及系统 关系及合作
		12. 我们公司产品是否满足客户需求
	4. 竞争分析	13. 我们公司的产品、服务在该项目上的优势是什么
		14. 我们公司的产品、服务在该项目上的劣势是什么
		15. 项目的主要竞争对手是谁
		16. 竞争对手的优势是什么
		17. 竞争对手的劣势是什么
		18. 竞争对手是否有内线？什么级别

续表

项目阶段	阶段工作描述	问题
D阶段（Demand）进程确定阶段	5. 制定销售策略	19. 我们的销售策略是什么（正面进攻、迂回佯攻、外围包抄等）
	6. 项目推进进程	20. 是否与客户确认了项目推进计划？与谁确认的？签过字了吗
C阶段（Consulting）方案论证阶段	1. 方案交流进展	21. 方案交流进展到哪一步（①需求调研；②方案设计；③书面方案提交；④方案演讲；⑤产品演示；⑥高层交流；⑦参观示范客户；⑧访问总部）
		22. 方案的内容是什么 产品/服务 客户化 项目实施
	2. 方案是否完备	23. 方案给客户提供什么价值（有形、无形）
		24. 方案是否覆盖客户的需求？我们认为方案的不足之处在哪里
	3. 客户对方案的认同度	25. 客户对我们提交的方案的评价如何？是否入围
	4. 方案差异分析	26. 竞争对手是否已经提交了方案？客户的评价如何
		27. 我们方案的优势和劣势在哪里
		28. 我们的方案与竞争对手的差异在哪里
	5. 影响选型标准	29. 客户选型标准是什么
		30. 选型组成员对方案的看法（业务员、项目组负责人、客户高层）
	6. 项目进程	31. 项目现在最大的困难是什么
		32. 项目是否按推进计划进行
		33. 是否完成了技术谈判

续表

项目阶段	阶段工作描述	问题
B 阶段(Business)商务谈判阶段	1. 选型结果	34. 项目有哪几家方案入围
		35. 客户对各家方案的评价如何
	2. 商务合同	36. 是否已经递交商务合同，我们的报价是多少？有竞争力吗
		37. 竞争对手的报价是多少
		38. 客户要求的交易条款是什么
	3. 谈判进展	39. 商务谈判进程如何（①导入阶段；②交锋阶段；③妥协阶段；④协议阶段）
		40. 客户对我们的商务合同有什么疑虑与异议？是否已经处理
		41. 竞争对手的进展如何，在做哪些工作，策略如何，内线情况如何
		42. 项目是否在控制中，最近是否有异常现象发生？我们的对策是什么
		43. 如果一切顺利，我们在什么时间结束项目
A 阶段(Action)销售成交阶段	1. 最终形势的判断	44. 客户是否确认了我们的技术方案
		45. 客户是否接受了我们的合同
		46. 客户和我们是否有战略合作协议
		47. 客户是否和我们讨论过实施和培训问题
		48. 最后签字日期是否已经确认？最后的签字人是否已经确认
	2. 签约后跟进	49. 为客户的发货、装机、培训、咨询是否正常进行
		50. 向客户收款是否顺利

第五节　随访督察

当刘峰决定密切关注大李近来的表现时，对他过去的周报表、月报表及销售机会表进行了重新分析，发现有好几个重要客户都已经跟进半年了，但是没有结果。从报表的历史记录来看，大李对这些大客户的拜访频率很高，超过了其他同事。从报表中拜访的对象分析，大李与这些客户的采购经理、技术经理、生产经理和总经理等都进行过会谈，沟通对象应该没有太大问题。结合周例会中大李的工作汇报，他应该也做了充分的准备，包括样品、说明书、方案等，无一不全。

于是，刘峰决定和大李共同去拜访一家名叫荣威的大客户，刘峰以大李同事的身份一起见了荣威的采购经理张先生。刘峰发现张先生见到他的时候，眼睛一亮，问大李："这是你们公司的技术专家吧?"大李摇头说："不，这是我们销售部的同事。"刘峰发现张先生脸上闪出一丝不愉快。按照事先的约定，刘峰作为旁听者，见证了张先生和大李的对话。

大李："张经理，我们就双方的合作已经接洽了将近6个月的时间了，而且您告诉我，按照你们的计划，这个月应该决定上设备了。所以我今天过来也是快人快语，冒昧问一下您那边有决定了吗?"

张经理：“李先生，其实从一开始，我们老总及技术经理对你们的产品和公司信誉还是比较认可的，你来了这么多次，我们老总都亲自接待过两次，而其他供应商未必有这个机会和我们老总见面呢。”

大李：“那真是非常感谢，您看我们的合作还有其他问题吗？”

张经理：“问题应该不太多。只是我们老总上次问每次都是李先生独来独往，你们公司不可能没有技术专家，怎么从未来过。”

大李：“张经理，这个我上次和你解释过，我们技术部同事这段时间特别忙，是你们老总觉得我提供的产品的特点、技术分析，以及资质证明还不够吗？我记得你们技术部李工上次夸奖我介绍的非常专业呢，你觉得我提供的资料和做的介绍还没有足够的说服力？”

张经理：“那倒没有，只是老总……（沉默）”

大李：“您有什么可直说。”

张经理：“没什么。对了，上次你说的那个学校可特招的事情，不知和你的那个校长同学联系了吗？我太太正好问起来了。”

大李：（略显尴尬）“这事还在联系中，您放心，我全力帮忙。”

张经理：“哦，看来联系周期够长的，对了，我正好还有一个会，就不陪你们多聊了，改天我们再谈，失陪了。”

大李：“好的，打扰了。我下周给你打电话。”

刘峰回到了办公室，一边回味今天的对话，一边对照过去大李的报表，心里不禁感叹，有些东西的确是报表无法反映的。

销售报表毕竟是被销售人员“加工”过的，不能完全反映销售人员的实际工作状况，销售经理也没有火眼金睛，能看透报表背后的问题。俗话说的好——眼见为实，必要时还需要随访督察。过分相信销售人员的表格、表单和销售会议上的解释，很容易被其牵着鼻子走，会被销售人员认为“好糊弄”。随访督察的另一个目的是：如果销售经理长期不在第一线，听不到战场的“枪炮声”，就无法准确掌握市场动态、客户需求等变化，导致所制定的目标、策略、计划与市场的实际情况脱节，也将逐步失去对市场的把握和控制。

京东的老板刘强东，每年都要下市场亲自做一回快递员，他从客户对快递员的态度是否热情来判断京东的服务质量和水平。有的客户看到刘强东是陌生人，就问：“小李为什么没有来送货啊？”也有请他进屋喝水、吃饭的。他说：“这比市场满意度调查更准确。”

娃哈哈老总宗庆后跑市场，几乎成了营销界的佳话。宗庆后是个大忙人，上百亿资产的企业里他事必躬亲。要管的事情实在太多了，常有忙不过来的时候。但有一件事他是长期坚持的，那就是亲自跑市场，十几年如一日——1 年中有 200 多天在市场一线。

宗庆后经常对媒体说，自己是靠感觉做市场的。他一般不相信所谓的规范市场调研，对于有些公司花很多钱请国际、国内知名的营销管理咨询公司做市场调研，动辄就是厚厚一大本的做法不以为然，他觉得没有多少实际价值，他说市场的情况下去转一圈回来就有感觉了。其实是他在市场上走访的过程中能获取很多第一手的市场信息，例如新产品口感好不好、包装好不好、广告效果怎么样、竞争对手在做什么活动、经销商对公司政策的意见等多方面有效信息，他再通过对这些信息的整理和分析，从而进行市场决策。

一般来说随访督察有两种形式：随机性督察和针对性督察。随机性督察就是通过不确定时间、地点、对象的督察行为，发现问题和采取纠偏措施，同时约束下属的行为；针对性督察是针对报表、例会、日常沟通、客户投诉等发现的问题而采取有目的的督察活动。随访督察时，如果出现销售人员只见老客户不见新客户、对客户的地理位置不熟、见不到决策者，都应该引起你的注意。此外，随访督察还可以和销售经理的现场指导结合在一起。

随访督察的形式

第六节 个别谈话

对于业绩表现不佳的下属，当公开的销售会议这种管理方式不太适合的时候，也可以采取个别谈话的方式。谈话的关键是要他们解释业绩不佳的原因，但绝不要采取斥责威胁的方法，不要说“团队里某某人来的比你晚，做得比你好；这个月再不完成目标就走人”之类的话。斥责威胁并不能解决任何问题，对下属应该以正面激励为主，同时协助下属找出业绩不佳的原因，做出改善的计划。

对有些工作经验的下属最好不要直接给建议，你这么做的时候，对方的自我保护意识就是不认同你的建议，“这个方法我试过了，那个方法没有什么效果”，勉强接受你的建议后，只要碰到一点挫折就会打退堂鼓，然后回来告诉你这个方法不管用。相反，如果让下属自己找原因和思考解决方案，首先他会自我认同，然后会想尽一切办法克服困难完成工作，因为这是他自己想的解决方案。

一定要相信下属的潜能。有时候某个下属跳槽到另一个单位做销售管理，或者某个有机会下属也做了领导，最终发现他做的不比你差，只是过去没有给他机会而已。切记：谈话不是销售经理的独角戏，让下属发现问题的根源并提出解决方案，销售经理提供协助和支持是最理想的方式。同时告诉他需要什么帮助，如果有问题可以随时找你。当然，对一些没有工作经验的新下属就另当别论了，最好手把手地教他怎么做。

有些驻外的销售人员没有条件参加每周的销售例会，通过电话、QQ、微信等通信工具沟通也很有必要。如果是比较正式的电话沟通，应事先通知销售人员要谈哪些主题，可以要求下属做些准备；何时进行谈话，谈话持续多久，确保你们有足够的时间不受干扰。正式谈话结束也应就讨论的问题和达成的共识形成会议纪要。作为销售经理，平时更应该与下属保持电话沟通，进行监督、激励与指导。当然，销售经理还可以将沟通与随访督察、现场指导结合在一起。

案例思考7：

刘峰为了能够让团队更有凝聚力，经常组织团队成员参加一些娱乐活动，在娱乐时刘峰与下属亲密无间。但一段时间后，他发现自己指导下属工作或召开内部会议时，他们仍然像娱乐时那样嘻嘻哈哈。刘峰非常苦恼，他应该与下属保持什么样的距离呢？

案例思考8：

刘峰团队里有一个业绩不错的老销售人员，客户评价也很不错，刘峰对他也很信任。但有一次刘峰在审查业务员的报销单据时，发现他有明显的做假行为，刘峰找他了解情况，他也承认了，但他辩解：公司的出差标准太低，每次出差都要自己贴钱，是不得已而为之。作为他的主管，刘峰应该怎么办？

深圳××营销中心新建项目立项审批表

编号：　　　　区域：　　　　办事处：　　　　项目负责人：

项目名称		建设地点	
投资方		项目甲方	
开工日期		竣工日期	
设计院		预计投资额	
评审第一步：项目评估（必要）			
评估要素	标准	权重	评估结果
需求匹配性	我方产品能够适合项目的工况条件与工艺条件	必备条件	
评审第二步：项目评估（充分）			
评估要素	标准	权重	评估结果
1. 项目规模	以预计采购金额 20 万元为标准	15%	
2. 项目性质	以新建项目、有设计院参与为标准	10%	
3. 装置匹配	冶金、有色、化工、自备电厂为标准，轻工建材 15%，石化、国网电厂 10%	20%	
4. 企业性质	外商独资或国有独资为标准，国有控股、上市公司或中外合资 4%，股份制为 3%，纯私有企业为 1%	5%	
5. 资源匹配	（1）以前与该客户曾经有过成功合作 （2）已经有固定代理商为该客户服务 （3）设计院主设支持		
5. 资源匹配	（4）客户对产品和品牌认可度高 （5）该项目处于成熟市场，有众多业绩支持 （6）可以抽出销售人员跟踪该项目 完全满足为标准，少一条减少 5%	30%	
6. 采购周期	1 年内采购为标准，1 年以上 1 年半以内为 10%，1 年半以上 2 年以内为 5%，超过 2 年为 0	15%	
7. 审批手续	通过环境评估或发改委审批为标准，否则为 0	5%	

续表

评估要素	标准	权重	评估结果
立项申请理由			
审批意见			

审批人：　　　　　　　　审批日期：

深圳××营销中心项目关键信息登记表

____区域____办事处　　　　项目负责人：　　　　年　月　日

项目名称		业主单位	
业主行业		建设地点	
设计单位		建设工期	年　月　日— 年　月　日
投资方		项目阶段	

项目相关联系人

1. 相关联系人应包括业主单位原仪表使用单位负责人、项目仪表专工、电仪组组长、项目部经理、业主单位负责项目的副总、设计院主任、主设
2. 角色：决策者、评估者、参与者
3. 立场：教练、支持、中立、反对、死敌
4. 重要程度：关键决策人、非关键决策人

姓名	单位及职务	联系方式	项目中分工	角色	立场	个人需求	组织需求	重要程度

关键性信息

项目	具体情况
项目在仪表方面有哪些需求？大概需求数量	
仪表方面的档次定位是否明确（进口、国产）	
业主单位原来使用的仪表品牌？谁引进的	
是否已经有竞争对手介入？是哪家公司	
甲方技术决策人是谁？他的关注点是哪方面？立场和态度如何？爱好和需求是什么	

续表

关键性信息	
项目	具体情况
谁有希望成为我们的内线和教练	
设计院的主设是谁？他的态度和倾向性如何	
综合评价	

技术突破销售计划书—甲方

年　月　日

项目名称		我方项目小组成员	
项目开始跟踪日期		招标日期	
客户需求情况			
销售计划			
1. 设计院主设倾向性： 2. 甲方决策小组成员立场、职位、关注点和倾向性分析： 3. 甲方决策关键人？我们的切入点？ 4. 技术影响策略：（以什么形式或活动对关键人施加影响？突出我们的哪方面优势？） 5. 商务与情感影响策略：（他的个人需求是什么？以什么形式或活动对其施加影响？线人是否可以产生影响？他的圈子中有没有其他影响者或职位更高的决策者可以影响到他？） 6. 竞争策略：（项目中有哪些竞争对手对我们形成真正的威胁？如何应对？） 7. 费用概算： 8. 具体实施时间表：			

区域　　　　　　办事处　　　　　　销售人员

项目总结报告标准格式

项目名称		甲方单位	
设计院		我方项目负责人	
项目开始跟踪时间		项目结束时间	
项目结果		项目费用情况	

续表

失败项目终止阶段	1. 技术突破一；2. 技术突破二；3. 商务突破；4. 合同签订；5. 合同执行
项目分析报告内文 1. 项目过程简要回顾： 2. 技术突破一的成功（失败）原因分析： 3. 技术突破二的成功（失败）原因分析： 4. 商务突破的成功（失败）原因分析： 5. 针对类似项目的运作方法总结： 6. 竞争对手型号与报价： 7. 竞争对手的成功与失败之处： 8. 对公司提出的建议： 销售人员：	
办事处经理分析： 办事处经理：	

深圳××营销管理中心　办事处月度工作总结暨下月工作计划

第一部分：本月销售计划完成情况及分析

销售人员	本月计划合同	本月实际合同	合同计划完成率	本月计划回款	本月实际回款	回款计划完成率
办事处合计						

完成情况分析：

第二部分：项目跟踪与推动情况

项目名称	项目负责人	上月底项目所处阶段	本月底项目所处阶段	代理商情况	预计合同金额	下月计划推动至何阶段	预计签约时间

第三部分：项目立项申请情况

项目名称	项目负责人	申请日期	项目正式立项日期

第四部分：销售线索搜集情况

销售线索名称	项目负责人	登记日期	项目开始时间	目前项目阶段

第五部分：销售费用使用情况

销售人员	招待费	差旅费	电话费	邮寄	礼品	其他费用	合计
办事处总计							

第六部分：潜在代理商开发情况

代理商	负责人	联系电话	地址	主营项目	关系客户	合作意向

第七部分：设计院开发情况

设计院	主设	联系电话	地址	目前操作项目	合作意向

第八部分：重点客户开发情况

客户名称	大客户经理	客户等级	累计销售额	计划全年销售额	组织关系进展

第九部分：潜在大客户开发情况

客户名称	大客户经理	关系阶段	跟踪项目	项目阶段	存在问题

第十部分：销售团队日常管理情况

1. 本月办事处人员变动情况：

2. 本月内部培训工作情况：

3. 销售人员个人情绪与状态分析：

4. 公司规章制度执行情况：

5. 办事处目前存在的问题及解决思路：

第十一部分：市场情况分析与对策

1. 本月竞争对手有哪些新的举动，例如价格变动或区域人员变动？

2. 本月区域市场上有哪些重大利好或不好的情况发生？

3. 我们应该采取何种方式应对？

第十二部分：下月工作计划

1. 销售额计划：

销售人员	下月计划合同金额	下月计划回款金额
办事处合计		

2. 大客户开发计划：

3. 渠道开发计划：

4. 设计院开发计划：

5. 下月销售团队日常管理计划：

（1）人力资源需求计划

（2）下月培训计划

报告人：　　　　　　年　月　日

第五章

Chapter 5

定期销售绩效考评

自我检测

在人事部要求的前一天，匆匆忙忙做了绩效面谈	Yes/No
绩效面谈中，总是忍不住先把自己的想法说出来	Yes/No
面谈过程中，经常打断下属的谈话，没有真正倾听下属的意见	Yes/No
在评价下属的绩效表现时，使用了非常糟糕、差劲等极端化的字眼	Yes/No
当我和下属对某些绩效结果有异议时，不知道如何说服对方，经常不欢而散	Yes/No
下属对绩效面谈怀有敌对或者抵触情绪	Yes/No

作为销售经理，如果上述问题回答都是 NO，你可以忽略本章直接进入第六章。如果你的回答大部分是 YES，那就很有必要跟随笔者对如何对销售人员的绩效考评这一主题进行讨论，掌握销售管理的第四个关键点的管理方法、技巧和工具。

第一节　绩效考评的理由

在一些企业里，HR在招聘和员工培训中起主导作用，而报酬和奖金由企业更高层次的领导人做决定。因此剩下的绩效考评必须是由销售管理者来主导。它给销售经理们提供了一个重要工具，来提高销售人员的生产率，顺利完成销售的目标，销售经理不要轻易地放弃这个管理工具。一般来说，企业对销售人员的绩效考评有年中和年尾两次，甚至还有按季度进行绩效考评的。

为什么要做定期的绩效考评？如同我们定期到医院做身体检查一样，早发现早治疗，病情真的到不可收拾的地步就追悔莫及了。一个好的销售人员不可能一夜之间变成问题销售，如何更早地发现，在他的业绩掉到谷底以前能及时采取纠偏的措施，还有可能恢复到以前的状态，当然绩效考评也是表扬业绩突出的销售人员的机会。业绩考评就是先设定一个标准，然后定期对销售人员的实际业绩进行考核，通过认可积极的行为和结果来激励销售人员，如果不符合公司的期望，也应采取纠偏措施保证达到业绩标准。

另外，业绩考评有考还要评，不能以考代评。所谓评就是需要销售经理和销售人员之间进行有意义的对话，即绩效面谈。不仅讨论销售的结果，还要讨论导致这些结果的行为、技巧、知识等，最终使得销售经理和销售人员就销售目标、纠偏措施及未来发展计划达成共识。有些企业有绩效考核但没有绩效面谈，而这种对话恰恰是绩效考评中非常重要的一个环节。

绩效考评如此重要，但是在实际操作中我们仍然会碰到各种挑战。某公司的三位销售人员——张三、李四、王五，到了年底，他们的绩效结果如下：

直接结果：张三、李四均100%的达到销售目标，而王五没有实现销售目标。

原因分析：

（1）张三的成功比较容易，他很幸运，其负责的市场增长超过预期水平的30%。如果他表现出色，应该超出预订目标的30%完成销售才对，事实上他才刚刚达到销售目标。

（2）李四负责的行业遭受沉重打击，他克服重重困难最终完成了目标。但他为完成指标向分销渠道拼命压货，在渠道强制积压了大量产品，经销商怨声载道，事实上并没有实现真正的销售，导致公司明年的销售前景堪忧。

（3）王五面对的行业同样遭受严重滑坡，他果断采取了一系列补救措施，虽然没有完成目标，但他的经营业绩远远超过同行的竞争对手。换句话说，王五区域的市场份额大大的增加了。

作为主管领导，你对三位销售人员如何评价？按照绝大多数公司考核标准结果也许是张三最好、李四其次、王五垫底，而大家心目中可能普遍认为王五最好、张三其次、李四垫底。实际上，好的销售绩效考核就能够按制度考核出王五最好、李四最差。关键是KPI指标和权重如何设计，当然绩效面谈也是非常关键的一环。

绩效考评主要有三个步骤，分别是考核内容、考核体系、绩效面谈。

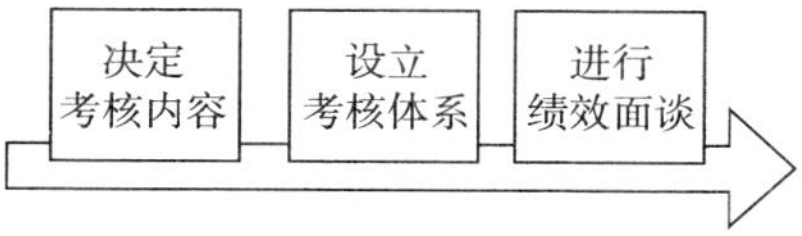

绩效考评步骤

第二节　绩效考核内容

绩效考核是一种导向，你想让销售人员做什么就考核什么，或者你不想员工做什么就考核什么。

18 世纪末期，英国政府决定把犯了罪的英国人统统发配到澳洲，一些私人船主承包从英国向澳洲大规模地运送犯人的工作。英国政府实行的办法是按照上船的罪犯人数支付船主费用，当时那些运送犯人的船只大多是很破旧的改装的货船，船上设备简陋，没有医疗药品，更没有医生，船主为了谋取暴利，尽可能多地装人，船上条件十分恶劣。一旦船只离了岸，船主按人数拿到政府的钱，对这些人能否远涉重洋活着到达澳洲就不管不问了。有些船主为了降低费用，甚至故意断水断食。3 年后，英国政府发现：运往澳洲的犯人在船上的死亡率达 12%，其中最严重的一艘船上 424 个犯人死了 158 个，死亡率高达 37%。英国政府花费了大笔资金，却没能达到大批移民的目的。

英国政府想了很多办法，每艘船上派一名政府官员监督，再派一名医生负责犯人和医疗卫生，同时对犯人在船上的生活标准做了硬性规定。但是，死亡率不仅没有降下来，有的船上的监督官员和医生竟然也不明不白地死了。原来一些船主为了贪图暴利，贿赂官员，如果官员不同流合污就被扔到大海里喂鱼了。政府支出了监督费用，却照常死人。

政府又采取新办法，把船主都召集起来进行教育培训，教育他们要珍惜生命，要理解去澳洲开发是为了英国的长远大计，不要把金钱看得比生命还重要，但是情况依然没有好转，死亡率一直居高不下。

一位英国议员认为是那些私人船主钻了制度的空子，而制度的缺陷在于政府给予船主报酬是按照上船人数计算的。他提出从改变制度开始，政府以到澳洲上岸的人数为准计算报酬，不论在英国上船多少人，到了澳洲上岸的时候再清点人数支付报酬。

问题迎刃而解，船主主动请医生跟船，在船上准备药品，改善生活，尽可能地让每一个上船的人都健康地到达澳洲，一个人就意味着一份收入。自从实行上岸计数的办法后，船上的死亡率降到1％以下，有些运载几百人的船只经过几个月的航行竟然没有一个人死亡。

这个故事告诉我们，绩效考核的导向作用很重要，企业的绩效导向决定了员工的行为方式。如果你要考核销售人员的销量但不考核价格或费用，销售人员一定是以最低的价格拿到订单；虽然拿到订单但他的销售费用非常高；以一些不正当手段损害合作伙伴的利益，最终也损害了企业的长期利益。20世纪80年代，美国银行曾一度制定了全美国最有雄心的目标绩效考核与激励制度，以发放贷款的数额决定贷款员的表现，表现最佳者可获得超过中等表现者50%收入的奖励。结果美国银行得到了他们想要，也该得到的东西：大批的坏账，虽然实现了管理目标，但随后银行却因此遭受了巨大损失。

因此，绩效考核的KPI一定是兼顾多种因素的综合性指标。例如在保证销量和回款的基础上，还要考核客户的拜访量和客户满意度等。需要注意的是，考核的标准不能过少，一般不低于5个，否则不能有效引导业务员的行动。考核标准不能过多，一般不超过10个，否则可能会使业务员无所适从，失去前进的方向。

如何设计绩效考核的KPI?

首先，绩效考核的KPI的设计一定要和企业的短期目标和长期目标结合在一起，销量（额）、利润率、回款、销售费用等是短期目标，新客户开发、客户拜访量、客户满意度、销售报告系统等是长期目标。不同规模、性质的企业对销售人员KPI的着重点不同。一般来说，企业规模越大，对长期目标的重视程度越高，其考虑的是未来若干年甚至十多年的发展，当年是否盈利也许不太重要。小规模企业更多地是考虑短期目标，把产品销售出去最重要，毕竟生存才是硬道理。另外，企业在不同的阶段绩效考核的重点也是不一样的。当企业刚刚进入市场，新品牌新产品先占领市场最重要，有些企业也会采取一些宽松的信用政策，甚至不把回款当作重要的KPI指标。当企业发展到成熟阶段，有一定的市场占有率时，企业也会采取较严格的信用政策，重点考核销售人员的回款了。

其次，不仅要考核结果还要考核过程。过程是活动、态度、知识、技巧，结果主要是财务的目标：销售额、利率率、回款或者费用。短期来看，没有好的过程可能会有好的结果，结果和过程没有必然的联系。但是从长期来看，没有好的过程一定不会有好的结果。如果一个销售经理说："我不管你用什么办法，只要东西能销出去，钱能够收回来，哪怕天天睡觉我也不管。”这种观点是错误的。事实上，一个销售人员真正的绩效应该排除下列因素：

一是外部环境。遇到爆发式的增长，跟销售人员是否努力工作的关系不大。

二是市场的基础。某些企业在特定的区域市场占有优势，也许是历史的结果——他的前任的功劳。

三是公司的资源投入。如品牌、广告、政策、促销等，过程和结果的 KPI 如何平衡，也就是说以结果为主还是以过程为主，这主要和团队成员的成熟度有关。成熟度高的偏向结果管理，成熟度低的偏向过程管理。

我曾遇到一个案例。常州有一个经销商是我们公司中国区域三大经销商之一，双方的合作关系不错，每年销售额也是稳定成长。负责该区域的销售人员每年的业绩也水涨船高，一俊遮百丑，公司对该销售人员的日常监督和管理也就放松了。有一天，我们的客户服务部门反映，原来和我们合作的常州经销商三兄弟上个月分家了，现在，另外两家都和我们的竞争对手合作了。常州的销售人员居然不知道这个重要消息，我们后来才知道销售人员有好几个月没有拜访这个经销商了，因为他就属于躺在家里也有不错销售业绩的销售人员。

销售业绩评估内容

销售结果	销售质量	销售活动
• 销售金额 • 销售数量 • 占目标或预测比例 • 与去年或上月对比 • 新增客户数量 • 原有客户流失数量 • 付款及时的客户总数	• 产品线销售金额 • 产品线销售数量 • 覆盖面积 • 覆盖客户类型 • 资金效率 • 毛利润 • 定价	• 潜在客户每周拜访次数 • 现有客户每周拜访次数 • 方案数量、演示次数
销售技巧	**自我管理**	**花费开支**
• 推动销售流程 • 客户拜访计划 • 建立客户关系 • 沟通技巧 • 描述产品利益 • 处理客户拒绝、抱怨 • 运用销售辅助手段 • 成交技巧	• 工作计划 • 时间管理 • 拜访报告 • 费用报告 • 信用报告	• 销售知识 • 工作态度 • ……

不仅要考核结果还要考核过程

第三节　绩效考核体系

决定考核内容以后，接下来就要设立考核体系。KPI 有两种：一种是可以用数字量化的，另一种是无法用数字量化的。这好比一个女孩要找对象，未来的另一半条件有些是硬指标，可以量化，例如学历、房子、车子、存款等；有些是软指标，无法量化，例如长相、感觉等。定量 KPI 指标包括所有的销售目标，也就是财务目标和市场目标，例如销售金额、销售数量、目标或预测比例、新增客户数量等；还包括销售活动，例如对潜在客户和现有客户每周拜访次数、方案提议的数量、产品演示次数等；定性的 KPI 包括销售技巧、知识和工作态度。

对销售人员进行销售额考核，要把销量分为“存量”和“增量”两部分才是比较科学的作法。“存量”是去年同期的销量，是市场基础决定的，不是业务员当期工作决定的，是维护市场的结果。“增量”是当期业务员有效工作的结果，是业务员真正的销量。业务员在某市场去年的销售额是 450 万元，今年的销售额是 700 万元，则今年的销售“存量”是 450 万元，“增量”是 700 - 450 = 250 万元。在设定量化考核指标时就要考虑“存量”与“增量”的“含金量”不同，我们要加大销售“增量”的比重。因为“存量”只是保住了去年的销量，“增量”是提升的销量，它需要做出巨大的努力才能获得，因此，在设计量化指标上就有讲究。

对项目销售的业务员而言，当项目周期很长，销售结果无法在评估的周期内实现的时候，可以将销售漏斗表中的容量指标和流动指标作为量化 KPI 指标。漏斗中的项目数量、项目总额、预计总额、项目新增是容量指标。流动指标包括进展（率）、流失（率）、停滞（率）、成功（率）；进展意味着项目的流程在向前一个里程碑推进的数量，流失意味着项目丢失的数量；停滞是项目在原地踏步没有任何进展，成功（率）当然是项目成功的数量，而进展（率）、流失（率）、停滞（率）、成功（率）则是可以横向比较的数字。可以把团队的平均水平作为销售人员的合格线，例如团队平均流失率是 20%，也就是说 10 个项目只能丢 2 个，大于这个数字就是不合格，小于这个数字就是优秀。也可以用行业的平均水平或标杆企业作为衡量的标准。华为对销售人员的评估之一就是销售人员能否成功邀约客户的高层领导到华为公司来参观，哪怕没有签单，都可以折算 70% 的销售结果。

而定性的 KPI 的评估是不准确的，跟评估人的情感有很大关系，对被评估人很难做到客观公正，导致销售经理和下属在以后的绩效面谈中产生矛盾。所以，定性的 KPI 能够量化的尽可能量化，例如判断业务员的销售知识可以通过考试获得的成绩，判断其自我组织和计划能力可以通过是否及时提交销售报告和报告质量来评估。不能完全量化的也要部分量化，例如评估沟通能力，可以细化成以下定级分数：

（1）0 分：不能清晰地表达自己的思想和想法。

（2）1 分：能较清晰地表达自己的思想和想法。

（3）2 分：有一定的说服能力。

（4）3 分：能有效地化解矛盾。

（5）4 分：能灵活运用多种谈话技巧与他人进行沟通。

因为定性指标有人情的成分，因此在实际考核中，真正评估出现不合格的结果是很少的。例如，当你说下属工作态度不合格的时候，是有一定风险的，有可能会发生冲突，销售经理有时候也不愿意做这个恶人。但是当所有的评估结果都是合格的时候，基本上就失去了绩效评估的意义。因此，定性指标考核有一种做法是：去除中间等级，保持简单明了，采用两元素评级：可接受的/不可接受的、非常满意/有待提高、达标/不达标。另外，也有建议去掉总体评价，总体评价不太准确，对每个 KPI 进行评价，有利于采用两元素评级的使用。为了保证最后的评估结果误差最小，不能量化的部分在所有的 KPI 项目中所占的比重要尽量小一些，以保证绩效评估的客观和公正。

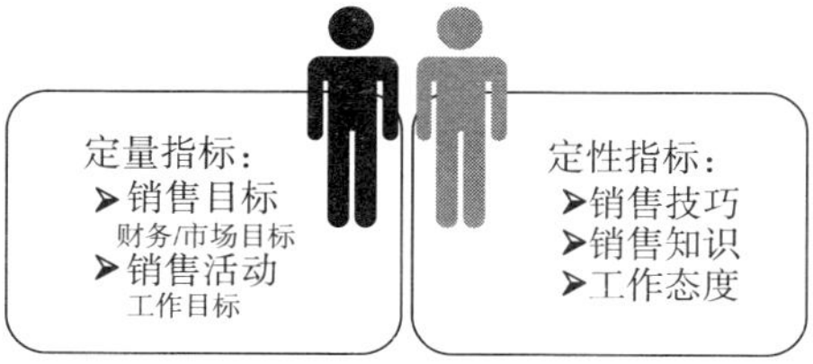

定量指标和定性指标

区域销售经理考核表（实例）

KPI	考评项目	项目内容描述	计划	实际	完成率	考评得分	数据来源
40	销售计划完成率	实际销售额/计划销售额	450万元	495万元	110%	44	财务部
20	回款率	实际回款率/计划回款率	421万元	400万元	95%	19	财务部
10	利润率	销售利润/销售额	20%	19%	95%	9．5	财务部
10	销售费用发生率	销售费用/实收款	19%	21%	-10%	9	财务部
5	新产品拓展任务	实际新产品销售额/计划额	80万元	75万元	94%	4．6	销售部
5	例行报告完成率	周报、月报、报告60份，有相应价值	60份有价值	60份有价值	100%	5	销售部
5	信息平台管理	客户档案、市场信息反馈，有相当价值	1000个有价值	950个有价值	95%	5	销售部 市场部
5	团队建设	内部纪律、组织气氛、员工满意度	优	良	80%	4	销售部 人事部
%	总分					100.1	

备注：各项得分=KPI指标×完成率。
先由销售总监沟通后填期初计划，期末根据数据进行考核，两次执行。
考核分出来后，销售总监再与其进行沟通。

销售人员考核表（实例）

KPI	考评项目	项目内容描述	计划	实际	完成率	考评得分	数据来源
40	销售计划完成率	实际销售额/计划销售额					财务部
20	回款率	实际回款率/计划回款率					财务部
10	市场占有率	累计销售额/市场总容量					财务部
10	销售费用发生率	销售费用/实收款					财务部
5	活动量有效性	成交量/活动量					销售部
5	例行报告完成率	周报、月报、报告60份，有相应价值					销售部
5	信息平台管理	客户档案、市场信息反馈，有相当价值					市场部
5	客户满意度	客户和内部员工满意度					销售区域
%	总分						

备注：各项得分 = KPI 指标 × 完成率。
先由销售经理沟通后填期初计划，期末根据数据进行考核，两次执行。
考核分出来后，销售经理再与其进行沟通。

第四节　绩效面谈技巧

有些企业有绩效考核但没有绩效面谈。而绩效面谈就是销售经理和销售人员之间有意义的对话，它促使销售经理与销售人员不仅讨论结果，还有导致这些结果的行为、技巧、知识和态度，同时也促使销售经理与销售人员就下一步的目标、改善措施、行动计划等达成共识。总之，它更注重上下级之间开诚布公的沟通和交流，而非仅仅是上司对下属单方面的评定。这种对话恰恰是绩效考评中非常重要的一个环节，缺了绩效面谈，绩效考评的效果也会大打折扣。

绩效面谈可以让销售人员知道销售经理对他们有什么期望？他们的表现和行为是否符合公司的期望？如果不符合应该采取什么样的行动来改善？在销售人员开始走下坡路的时候能及时介入，使其尽可能恢复到以前的状态。同时，绩效面谈也可以通过认可其积极的行为与结果来激励销售人员，让销售人员觉得自己受重视、有价值，使得他们在下一阶段工作得更出色。那么如何进行绩效面谈呢？

刘经理：“小张，有时间吗？”

小张：“什么事情，头？”

刘经理：“想和你谈谈，关于你年终绩效的事情。”

小张：“现在？要多长时间？”

刘经理：“就一小会儿，我9点还有一个重要会议。你也知道，年终大家都很忙，我也不想浪费你的时间，可是HR部门总给我们添麻烦。”

小张：“……”

刘经理：“那我们就开始吧。”（于是小张就在刘经理放满文件的办公桌对面，不知所措地坐了下来）

刘经理：“小张，今年你的业绩总的来说还过得去，但和其他同事比起来差了许多。你是我的老部下，我还是很了解你的，所以我给你的综合评价是3分，怎么样？”

小张：“头，今年的很多事情你都知道，我认为自己还是做得不错的，年初安排到我手里的任务我都完成了，另外我还帮助其他同事做了很多的工作……”

刘经理：“年初是年初，你也知道公司现在的发展速度，在半年前销售部门就接到新的市场任务，我也对大家宣布过。结果到了年底，我们的新目标还差一大截没完成，我的压力也很大。”

小张：“可是你也并没有因此调整我们的目标啊？”

秘书直接走进来说：“刘经理，大家都在会议室等你呢。”

刘经理：“好了好了，小张，大家都不容易，你的工资也不错。你看小王，他的基本工资比你低，工作却比你做得好，所以我想你心里应该平衡了。明年你要是做的好，我相信我会让你满意的。好了，我现在很忙，下次我们再聊。”

小张：“可是头，去年年底评估的时候……”

刘经理没有理会小张，和秘书匆匆离开了自己的办公室。

这是一个典型的绩效面谈失败的案例，显然这样的面谈对提升员工提高业绩水平起不到积极作用。不仅流于形式，还使员工逐渐厌恶绩效面谈，造成沟通障碍。但是在实际管理工作中，刘经理在绩效面谈所犯的错误是很多销售经理的通病。那么，在绩效面谈的实施过程中，应该注意哪些问题呢？

一个完整的绩效面谈应该有以下几个步骤：

（1）面谈准备。

（2）双方交流探讨。

（3）领导总结评价。

（4）达成一致目标。

（5）签署考核表格。

首先，销售经理和销售人员都需要为绩效面谈做准备，一般在绩效面谈前的30天。销售经理要给被评估者发一份绩效评估表，还要向被评估者详细解释评估表的内容和绩效面谈的整个过程，确保销售人员理解每个KPI的含义和评估的标准。同时，消除他们对评估的担心，告诉他们绩效评估的目的是为了提高他们的销售业绩而不是挑他们的毛病。销售人员收到表格以后，先进行自我评估，根据考核表每一项衡量自己做得如何，检查上一次设定的目标是否完成。你会惊奇地发现，自我评估时，销售人员大多表现出比领导更多的自我批判性，同时自我评估也可以减轻面谈中的对抗情绪。销售经理则需要整理销售人员相关的记录，包括销售报表、销售例会纪要、共同拜访的记录和从公司其他部门获得的销售业绩报表，同时逐条评估销售人员，考虑未来要采取的行动，建议下次评估要达到的目标。

接下来进入正式的绩效面谈阶段。绩效面谈的主要内容是：工作业绩、行为表现、改进措施、达成目标。面谈的时间一般在一个半小时左右，面谈的地点可以安排在办公室或在销售人员实际工作地点的当地宾馆中进行，不要在销售会议、电话、晚餐中进行。既然绩效面谈如此重要，有点仪式感很重要，要尽量排除外部环境的干扰。

双方的交流和探讨阶段应先由销售人员自我评估开始，然后双方沟通交流，销售经理再进行总结评估。绩效面谈就是销售经理和销售人员之间有关工作业绩、行为表现的沟通对话，最终就改进措施和未来目标达成共识的过程。最后以“还有其他事情想要讨论的吗”作为面谈的结束语，然后双方共同签署考核表格。事实上，如果没有掌握一定的面谈技巧，面谈中可能出现一些问题甚至失败。例如销售人员认为销售经理的评价有失偏颇，不同意评价，或者强调业绩不佳的客观理由，甚至拒绝签署考核表格。为避免这种情况发生，需要销售经理在面谈的准备阶段对下属的销售报表、销售例会纪要、共同拜访的记录和销售业绩报表做仔细的研究，使面谈有数字、有依据，让对方心服口服，同时还要考虑对方的情绪，掌握一定的管理方法和沟通技巧。

在绩效面谈中，销售经理应该遵守 SMART 原则。

（1）S（specific），直接具体原则。面谈交流要直接、具体，不能做泛泛的、抽象的、一般性的评价。对销售经理来说，无论是赞扬还是批评，都应有具体、客观的结果或事实来支持，使下属明白哪些地方做

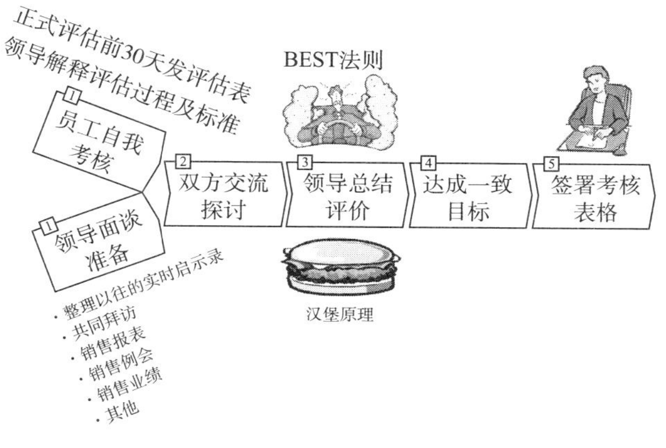

绩效面谈步骤

得好、差距与缺点在哪里，既有说服力又让其明白上司对自己的关注。

错误：今年下半年你的业绩总体还过得去，但和其他同事相比还有差距。

正确：下半年你的项目成功率是10%，比上半年略有提高的，有进步。团队平均水平20%的，还要继续努力。

（2）M（motivate），互动原则。面谈是一种双向的沟通，为了获得对方的真实想法，销售经理应当鼓励员工多说话，充分发表自己的观点。下属表达观点时，上司不应打断与压制，对员工好的建议应充分肯定。因为思维习惯，销售经理似乎常常处于发话、下指令的位置，下属往往在被动地接受，因为是上司的想法不是自己的，其在执行过程中就会打折扣。万一你提供的方法不管用，也不是他的责任。

错误：行了行了，不要找借口了，这个季度你设计院上图的业绩是零，这不能否认吧？还是跑得不够勤。

正确：你认为下一步应当采取什么措施才能改善目前的这种状况

呢？你有什么建议？

（3）A（action），基于工作原则。绩效面谈中涉及的是工作绩效，是工作的一些事实表现，销售人员是怎么做的、采取了哪些行动与措施、效果如何，就事论事，而不应讨论其个人的性格。性格特点本身没有优劣好坏之分，不应作为评估绩效的依据，不应将它作为指责的焦点，例如“我看你就不是做销售的料，太木了，一点也不机灵”。

错误：你这个季度的业绩太差了，简直是一塌糊涂。照这样下去，你在公司绝对没有发展前途，小李跟你一起进的公司，看看人家……

正确：这个季度你的销售目标只完成了60%，项目流失率高于公司平均水平，新增项目也很少，这样一来，下个季度的销售目标也难以完成了。你觉得主要原因是什么？下一步如何改进呢？

（4）R（reason），分析原因原则。绩效面谈需要指出下属不足之处，但不需要批评，而应立足于帮助其改进不足之处，指出绩效未达成的原因。出于自卫心理，在面谈中面对批评，员工马上会做出抵抗反应，使得面谈无法深入下去。但销售经理如果能帮助其分析绩效未达成的原因并给予辅导、建议和帮助，下属是能接受上司的意见甚至批评的。

错误：对你半年来的工作，公司是不太满意的。尤其是连续丢了几个大项目后，我担心你是否能胜任这项工作？

正确：项目上的流失率高于公司平均水平，能解释一下原因吗？下一步有什么打算？你看公司在哪个方面能给你更多的支持呢？

（5）T（trust），相互信任原则。缺乏信任的面谈会使双方都会感到紧张、烦躁，甚至充满敌意。绩效面谈是销售经理与下属双方的沟通过程，沟通要想顺利地进行，要想达到互相理解并就下一步行动达成共识，就必须营造互相信任的氛围。

分享绩效面谈的两个沟通技巧：

绩效面谈是一项管理技能，有可以遵循的技巧，掌握得好，可以帮助管理者控制面谈的局面，推动面谈朝积极的方向发展。

（1）BEST 法则。

所谓 BEST 反馈，是指在绩效面谈的时候按照以下步骤进行。

①Behavior description（描述行为）；

②Express consequence（表达后果）；

③Solicit input（征求意见）；

④Talk about positive outcomes（着眼未来）。

某公司销售部的小周经常在制作标书时犯错误，其上司用 BEST 法则对他的绩效进行反馈。

B："小周，你上周制作的标书，报价又出现了错误，单价和总价不对应，这已经是你第二次在这个方面出错了。"

E："由于你的失误，使公司的工作非常被动，给客户留下了很不好的印象，这可能会影响我们的中标及后面的客户关系。"

S："小周，你怎么看待这个问题？未来准备采取什么措施改进？"（STOP）

小周："我准备……"

T："很好，我同意你的改进意见，希望以后你能做到你说的那些措施，如果还有什么问题可随时来找我。"

上司指出问题所在，并描述问题所带来的后果后要征询员工的想法，注意上司不要打断，听取员工的想法，让其充分发表自己的见解，鼓励员工寻求解决办法。最后，管理者再做点评总结。

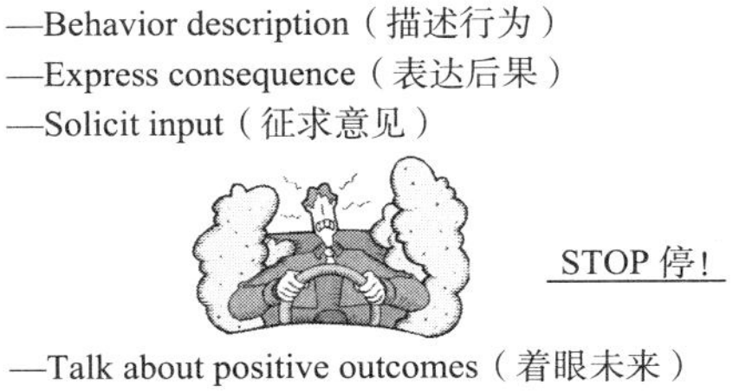

BEST 法则

（2）汉堡原理。

所谓汉堡原理，是指在绩效面谈的时候按照以下步骤进行。

①先表扬特定的成就，给予真心的鼓励。

②然后提出需要改进的“特定”的行为表现。

③最后以肯定和支持结束。

汉堡原理的作用在于提醒管理者，绩效面谈的作用在于帮助员工改善绩效，而不是抓住员工的错误和不足不放。因此，表扬优点，指出不足，然后肯定和鼓励，才是最佳的面谈方法。

小张，下半年你的项目成功率是10%，比上半年略有提高，有进步。不过我们的团队平均水平是20%，如果在项目的选择上更加精准一些，40%的目标完全可以达到。继续努力，有什么需要帮助的随时来找我。

汉堡原理

案例思考 9：

某客户年营业额一个多亿。最近两年，销售队伍的效率从最初的人均销售额 50 万元降至 30 万元。为了扭转下滑趋势，老总从几个大公司挖了一些管理者过来帮助自己。从民营企业过来的销售副总给他建议：“我们应该加大对销售人员的管理力度，定下硬性的销售指标，完成指标的要加大奖励力度，完成不了的要公示、批评甚至无情地淘汰。”从跨国公司来的销售总监给他的建议完全相反：“我们不应该管结果。你原来管的就是结果，而这样管你也看到了没什么效果。我们应该管理销售人员每天的行为、每天的活动细节，例如他拜访客户的数量、和客户交流的时间、是否在和重要的客户对话等。如果过程管好了，你希望的结果自然会呈现出来。”

老总应该听第一个人的还是听第二个人的？

案例思考 10：

刘峰完成与一名员工的绩效考核讨论，情绪很低落。他和另一个经理说：“我今天上午给小张做了评估，早上我突然想起今天是评估的最后一天了，于是我把他从客户那里叫了回来。我简直不敢相信他的反应，他说没时间准备，并要我对每个批评都举例说明，并且说他在几个问题上不同意我的说法。我和他讲了几个我不满意的地方，并好心告诉他怎样改正错误，我得到的回应只有愤怒和沉默。平时他的表现还不错，但是他在评估中似乎很不高兴。你说他这是怎么回事?”

请从上面案例中找出至少三点与绩效面谈流程不相符的地方？

第六章

Chapter 6

以业绩为导向的培训指导

自我检测

培训是人事部门的事情	Yes/No
优胜劣汰自然淘汰法，是找到好的销售人员最好的方法	Yes/No
太忙了，没有时间培训下属	Yes/No
教他们做花的时间还不如自己做的快	Yes/No
自己累死，下属闲死	Yes/No
我常常单独拜访客户，常常冲在第一线充当销售人员	Yes/No
要求下属按照自己的思路做，我来思考，你负责执行	Yes/No

作为销售经理，如果上述几个问题的回答都是NO，你就可以忽略本章直接进入第七章。如果你的回答大部分是YES，就很有必要跟随笔者就如何对销售人员做培训指导这一主题进行讨论，掌握销售管理第五个关键点的管理方法、技巧和工具。

第一节 培训指导的重要性

磨刀不误砍柴工

年轻的伐木工人第 1 天砍了 10 棵树，他的斧头锐利，而且身强力壮、精神抖擞。第 2 天，他一样努力地工作，事实上，他觉得他比第 1 天更努力，但是只砍了 8 棵树。第 3 天，他要早一点开始，所以他提早上床睡觉，白天尽全力工作，但是只砍了 7 棵树。又过了 1 天，数目减少为 5 棵树。到了第 5 天，他只能砍倒 3 棵树，而且在黄昏之前就觉得精疲力尽。隔天早上，他正在费力砍树的时候，一个老人经过，问他："你为什么不停下来磨一磨斧头呢？"他回答："没时间，我正忙着砍树。"

常听销售经理说："我太忙了，哪有时间培训下属，教他们做花的时间还不如自己做得快。”殊不知，培训下属让他们替你干，你就不忙了？不合格的下属就像那把钝斧子，只会让你越来越忙，最后精疲力尽。

在工作中，有多少销售经理就像那个伐木工一样，常常单独拜访客户。因为怕丢单冲到第一线充当销售人员，当销售人员要求其帮助时常常越俎代庖，事成之后还洋洋得意地说“你看看我，一出马就轻松搞定”。接下来，销售人员碰到麻烦都会让销售经理去搞定，但是销售经理就是再厉害也没有三头六臂，结果是自己累死，下属闲死。万一销售经理出马都搞不定呢？下属也有话：“看，不是我无能，连你出马都搞不定。”当然，还有一种极端的情况就是完全放任不管，让销售人员自生自灭，企业陷入一个死循环：不断地招人——发现你不会做——炒了你或你自己走人——再继续招人。不但成本巨大，而且频繁的人员流动对团队的士气也是严重的打击。

我有一个朋友叫大张，他是某家企业的市场经理。每次和他谈及工作近况时，他几乎都会抱怨工作太忙：“一边是新产品上市的企划、产品定位、广告创意等一大堆的事儿，另一边是重点客户拜访、大项目投标、价格谈判……总之，就一个字——忙。”“嗨，兄弟，你不是还有市场助理和八个销售人员吗?”有时，我会这样问他。“他们？他们有他们的事做，况且有些事他们也做不了……”事实并非如此。当大张在外地参加完投标赶回上海路上的时候，他的下属在办公室正等着他开会，因为有几个客户的价格要他来定；还有上月的出差费用要他审核批准。百般无聊中，他们喝着公司的咖啡，开始抱怨最近上海的房价涨得太厉害，然后又开始聊国内明星的花边新闻。当大张坐在电脑前一连工作几个小时写市场方案或为了一份产品印刷品三番五次往印刷厂、广告公司跑的时候，他的下属正在办公室享受着空调，吃着零食、聊着闲天。

销售经理的工作是通过管理销售人员来完成公司目标的，销售经理的成功取决于团队的努力与否。因此，培训和指导下属是销售经理最重要的工作之一，是让团队成功的重要手段。埋头苦干并不一定就能得到老板的认可，老板最希望看到的是：销售经理能够最大限度地激发与调动员工的积极性，带领团队为公司创造更大的价值，而不是单枪匹马地向前冲。有些销售经理喜欢包办一切的原因是希望自己成为公司不可缺的人。可是当你帮助指导下属成长，不再是销售团队不可缺少的人的时候，你的晋升机会就大大增加了。真正出色的管理者应该主动推荐自己的优秀下属走上管理岗位，这其实也是在帮助自己在企业中走得更稳、赢得更多。

对企业而言，一个销售新人在一年内是亏本的，新人 3 个月试用期的成本是其月工资的 10 倍左右，一般一年左右才刚刚达到盈亏平衡点。更糟糕的是不合格的销售人员任其在市场上自由闯荡，简直就是雇来的客户杀手。相信你都有这样的经历，其实你原打算买某一品牌的车，进了该品牌 4S 店后，你碰到一个爱理不理或说话让你极度不满的销售人员，你一气之下来到隔壁的另一个品牌的 4S 店，买了另一个品牌的车。拿客户练手其实是企业最大的成本，要远远超过销售人员月工资的 10 倍的损失。

不合格的销售人员还是“炮灰”。一个销售新人兴冲冲地跑来对你说：“经理，有个大项目邀请我们去投标，还有三周就要投标了。”仔细一问，项目基本信息、有几个竞争对手、对方什么时候介入的、客户关键人是谁、参与评标的有哪些人，一问三不知，再去打听，终于知道有哪几家参与投标了。不过，竞争对手的价格都比我们低一大截，为其陪标的嫌疑很重。如果真去参加投标，不但耗费人力、物力，成功的概率也很低，基本上就是送死的“炮灰”。

通过有效的培训和指导，可以让公司降低成本、提高效率，让员工早出成绩，同时避免不必要的损失，员工的盈亏平衡点也可以从一年缩短为半年。培训的代价并不是指训练员工时要花费多少，而是指不训练员工时要花费多少。由于培训和指导对销售经理很重要，所以，对于一名管理 5 ~7 名销售人员的销售经理而言，40% 的时间应该用于培训和指导下属。

DELL 培训销售人员采取“太太式培训”。他们把销售经理比喻为销售新人的“太太”，销售经理像太太一样不断地在新人耳边唠叨，让新人形成良好的销售习惯，从而让销售培训最终发挥作用。培训由培训经理和销售经理一起完成，销售新人不但要向销售经理汇报，还要向培训经理汇报。培训经理承担技能培训和跟踪、考核职能；销售经理承担教练和管理职能，通过新人的最终执行，达到提高业绩的目的。

首先是为期三周的集中培训，由专家讲解销售的过程和技巧，邀请有经验的销售人员分享经验。其次是每周末召开会议，销售经理与培训经理都参加，检查新人上周进度，讨论分享工作心得，分析新的销售机会，制定下周的销售计划。最后，实现“太太”在工作中能够自觉指导新人运用销售技巧，有效管理新人。“太太式培训”的效果十分惊人，用数字可以说明：DELL 销售代表每季度平均销售额是 80 万美元，没有“太太式培训”的时候，新人第一季度平均销售额为 20 万美元，经过培训，新人在第一季度的平均销售额达到 56 万美元，远远高于以前销售新人 20 万美元的销售额。

第二节　培训指导的方式

培训指导有三种方式，分别是课堂培训、导师指导、现场实习。

培训指导的方式

第一，课堂培训。包括入职前培训和入职后定期或不定期的培训。入职前培训重点是企业和规章制度，内容包括企业文化、规章制度、激发进取心与凝聚力、职业化的意识、基本行为规范、初步介绍市场与产品，一般由企业内部资源实施完成。而入职后的培训内容主要有产品、解决方案、竞争优势、市场与客户状况、销售技巧几大方面，除了内部专职讲师外，销售经理应当作为兼职培训师。笔者原来的公司，新员工的未来上司必须亲自授课两天，培训结束后与培训经理一起参与对新员工培训结果的评估，同时制定在未来的三个月直到试用期结束的现场培训计划。必要时企业也可以邀请外部讲师实施培训，远来的和尚会念经，他们可以带来一些新的思想和新的理念，也是十分必要的。

第二，导师指导。培训不仅是培训讲师的几堂课，而且培训的最佳场所也不是在课堂而是在销售的现场——出差、拜访客户或销售会议。导师的指导会在共同拜访客户的途中，也许在他如何巧妙化解客户的拒绝中，也许就在他的高超谈判技巧为公司赢得对方最大让步中，也许是在他专业的销售展示中，导师的言传身教会使你获益匪浅。对于成绩不佳的销售人员，好的导师会分析找出原因，用正确的方法做示范。销售人员最好的导师就是他的上司或由公司指定的德才兼备的资深销售人员。不过选择导师要注意：愤世嫉俗的导师或有不良工作习惯的导师在正面指导的时候会有负面影响。

8 年前，当我还是某外企的大区经理时，自认为谈判水平不低，对一些谈判策略，如没有让步只有交换、决不接受对方第一次报价等熟读在心并运用自如。但与我的上司，一个来自英国的老人相比，如果说我是谈判的业余三段水平，他就是谈判专业九段水平，你知道差距在哪里吗？四个字：心理素质。谈判前，我认为是天方夜谭，对手绝不能接受的条件，他在谈判桌上可以让对方心悦诚服地接受。跟这样的上司在一起共事，不用他开口教，你就已经受用很多了。

现场指导评估清单：销售经理为了现场指导的目的和销售人员一起出差或拜访客户，要注意被指导者以下行为。

（1）销售人员是否有亲和力，能否迅速与客户建立良好的关系？

（2）他是否意识到要了解客户组织架构，包括关键决策者、影响者、他们的态度和决策过程？

（3）他是否意识到要掌握客户的业务运作、产品（服务）使用情况和竞争对手状况？

（4）他能提出策略性的问题来确定客户需求吗？他能否挖掘或引导客户的需求？

（5）他有能力就解决方案、产品和服务向客户提出建议吗？

（6）他能正确地演示产品特征，带给客户的利益和证据吗？

（7）他能用货币量化这些利益吗？

（8）他使用了参考证明的销售手段来证实利益了吗？

（9）他能认真地倾听客户的想法吗？

（10）他能正确处理客户的拒绝吗？

（11）他的行为像顾问并从客户的角度考虑问题吗？

（12）临行前他与客户预约了下一次拜访的时间了吗？

现场指导可以有观察、支援、示范三种方式。顾名思义，示范中，销售经理的角色就是示范者，是做给你看；观察中，销售经理的角色就是观察者，看你怎么做；支援中，销售经理的角色主要是观察者，必要时介入。对新的下属可以用示范的方式，但慢慢要向支援和观察式过度，以提高他们的独立工作能力，减少其对上司的依赖性；观察主要适合老的下属，重点应在其开发新客户新行业或公司有新的产品推出的时候使用；而支援介于两者之间，适合新下属及信心不足的老下属。销售经理要上的三个台阶：从自己做到让别人做、教会别人做、激励和启发别人用不同的方法做。

三种现场指导方式

方式	特点	角色	参与程度	指导对象
观察	主要是观察	观察者	低	老下属（新客户、新产品）
支援	主要是观察，必要时介入	观察者和援助者	中	新下属及信心不足的老下属
示范	主要是示范	示范者	高	新下属

现场拜访有三个步骤：拜访前、拜访中、拜访后。

拜访前：选择指导的对象和指导的方式。现场指导不要超过两个人，也就是完全一对一的指导。一般来说，应该提前通知被指导者，不过偶尔一次的临时通知也许能发现一些没有注意的情况。同时也要清楚地告诉被指导者，你此次现场指导的角色是观察者还是示范者；本次拜访的目标是什么；如果你是观察者，你要问销售人员本次拜访的目的是什么；当你询问下属将要拜访的客户的姓名、职务、与竞争对手的关系、准备介绍什么产品、个人爱好等，总有些人是不能准确回答的，你应当向对方指出拜访准备不足开始就会出问题。

拜访中：如果是观察，销售经理要居其侧对下属进行行为观察。销售经理要做好这个角色其实不容易。首先，第一线上来的销售经理一进入销售的场景，往往就会有冲上去的冲动，要能抑制这种冲动，记住今天你是来做现场指导而且是做观察员的。其次，当客户觉察到你其实是销售人员的领导，往往就会直接跟你沟通。因此，行为观察时销售经理要注意占据有利观察位置，降低他人对指导者的注意力，多听多记，不要急于指点。进入客户办公室时最好走在下属的后面；落座最好在下属的侧后面；当客户向你询问的时候，你最好这么说

“小李，你来说一下”，或者干脆说自己是同事，尽量不要打扰销售人员做演示和陈述。

拜访后：分析总结。如果是示范，拜访结束时提问被指导者，让下属回顾记忆，这次拜访有什么收获、有深刻印象的事情是什么。如果是观察，先不要急于指点哪点做得好、哪点做得不好，而是让员工先自我评价，什么地方做得不错、什么地方做得糟糕，是否达到目标，然后双方交流探讨后再总结评价。注意评价不要过分批评，不妨用汉堡原理，先表扬，再指出其不足，最后拟定改善的行动计划。

小张，这次拜访我注意到你的演讲技巧有了很大提高，逻辑严密，口齿清楚，回答客户提问时不慌不忙，与你第一次研讨会的上台演讲相比进步相当大。不过，不知你注意到没有，这次来参加研讨会的人其中一个是他们的董事长，我休息的时候打听了一下，这位董事长的技术背景不强，如果把投资回报率这部分阐述的更充分，效果也许会更好，你说呢？你看下次是不是设法单独跟董事长约一下，我们这边的总经理也想去拜访一下对方。

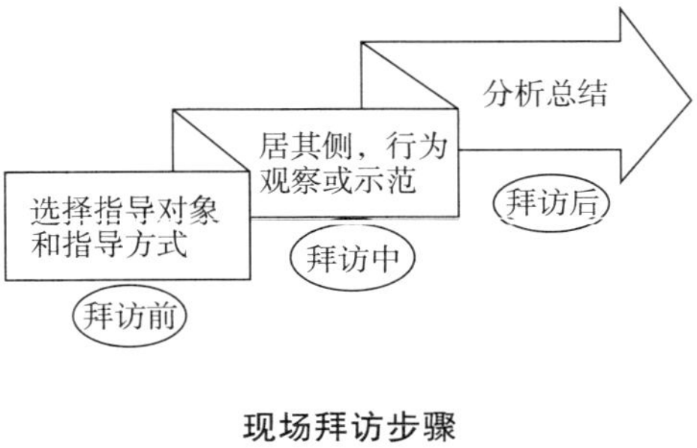

现场拜访步骤

第三，现场实习。销售经理对下属说“你跟我去”（我示范），然后“我跟你去”（我观察），最后“你自己去”（现场实习），就是放单飞了。销售人员将在课堂上或导师教的销售方法和销售技能在实战中运用。销售人员经验通过时间积累，知识通过学习掌握，素质（动机）要通过招聘甄别，技能通过培训提高。那么技能学习有什么规律呢？首先通过培训了解一种技能——反复的练习这种技能——在实践中反复运用——最终形成习惯，熟练掌握并可以创新。学骑自行车是要跌几跤才学会的、学游泳是喝了几口水才学会的。一句话，就是反复练习、反复运用，最后熟练掌握，终身不忘。

多年来，华为对自己的培训体系不断优化。尤其近几年，华为取消了过去的授课式培训和网络化授课方式，在培训指导思想上做了较大的调整，强调“实践出真知”，强调实践对新员工未来成长的重要性。

华为新员工培训主要表现在四个方面：

一是把实践作为提升能力的重要手段。

二是将培训提至入职以前。

三是将导师作用发挥到位。

四是任职资格与利益紧密挂钩。

（1）明确提出了“721”培训法则。即70%的能力提升来自于实践，20%的能力来自于导师帮助，10%的能力来自于课堂学习。

（2）三个阶段环环相扣。入职前的引导培训，入职时的集中培训，入职后的实践培训。实践培训是三个阶段的重点。

（3）将导师作用发挥到位。对导师有相应的激励政策：晋升限制、给予导师补贴、开展年度“优秀导师”评选活动。

（4）任职资格与利益紧密挂钩。推行任职资格制度并进行严格的考核，从而形成了对新员工培训的有效激励机制。

第三节 培训指导的内容

如果你询问任何一个公司的销售人员，你了解所在的行业和公司吗？绝大部分的人的回答是了解。因为入职的第一天你要接受的培训内容就是企业文化、规章制度、产品知识、行业客户、竞争环境这些内容。但当你让他们回答以下15个问题的时候，也许情况就会出乎他们的意料。

（1）我们公司是做什么的？

（2）公司什么时候成立的？

（3）公司的价值观和愿景是什么？

（4）公司的高压线是什么？什么是绝对不能做的？

（5）公司在本行业的地位如何？

（6）公司在哪些方面拥有很好的声誉？

（7）公司产品的优势和利益？

（8）哪个行业销售潜力最大？

（9）销量最大的客户是谁？

（10）销量最大的产品是什么？

（11）利润最大的产品是什么？

（12）公司最大的竞争对手是谁？

（13）公司与竞争对手的主要区别？

（14）最不想碰到的竞争对手是谁？

（15）最希望碰到的竞争对手是谁？

概括讲，销售人员的培训指导主要有四项内容：企业（产品）、客户（需求）、销售技巧、竞争对手。

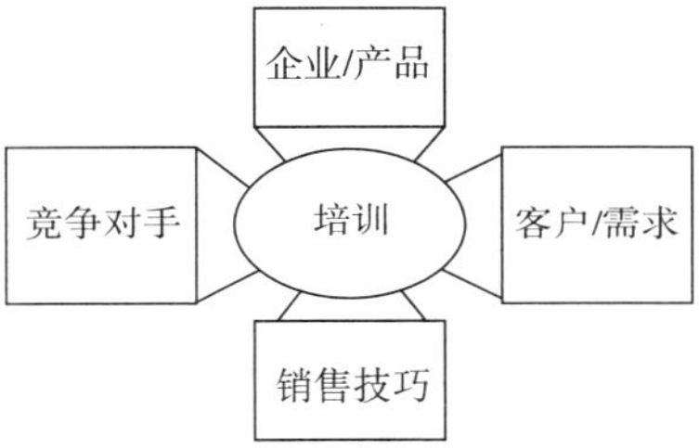

培训指导内容

产品知识的掌握有助于增强销售人员的自信。销售人员学习产品知识可以在课堂中学习，还可以亲身实践，让销售人员在工厂或其他部门工作、参观，亲身使用产品体会应用。在修正购买或重复购买的时候，客户可能比销售人员拥有更多的产品知识，当提出他们无法回答的问题时，销售人员应该知道向谁求助。

客户是公司最重要的资产，了解客户需求的销售人员比熟悉产品知识的销售人员更能获得订单。销售人员应该了解特定细分市场客户的一般需求，也要了解特定客户的组织架构、决策流程、关键决策人。因此，如何了解这些信息是销售人员需要接受培训的一个重要内容。

销售人员必须熟悉每一款产品或服务的竞争优势或劣势。大多数公司在产品知识培训方面进行了大量培训，但他们对竞争对手的知识培训上重视不足。准确的竞争知识可以使销售人员更加自信，介绍产品特征、产品利益和提供证明时更加有效和有力；可以引导客户需求，突出自己产品的优势；可以实施有针对性的竞争策略。

实践证明，绝大多数销售人员需要继续提高销售技巧，包括战略性技巧和战术性技巧。

不同购买者行为与销售方式决定了不同的销售技巧的重要性，涉及集体决策长期而复杂的销售、重复性购买者、已有系统购买者、大宗商品购买者销售，战略性销售技巧尤其重要，同时要掌握战术性销售的技巧。向仅是个人决策的，更短且不太复杂的销售，向一次性购买者销售，如消费品销售，战术性销售技巧显得特别重要。很明显，本书研究的 B2B 销售模式或工业品销售属于前者。

一、关于竞争对手

你的企业和产品与竞争对手相比一定是各有优势，关键是在竞争中如何扬长避短。与竞争对手的比较包括企业、品牌、产品、服务、价格、付款、客户关系等方面。销售人员与竞争对手的优势、劣势对比：第一，知己知彼在客户面前显得更专业、更有自信；第二，可以引导客户需求，突出自己产品的优势；第三，实施有针对性的竞争策略。当你对竞争对手的优势、劣势了如指掌的时候，就能在客户面前游刃有余，立于不败之地。在制定竞争策略时，能够规避弱点、发扬优势，把客户的需求尽量引导到自己产品的优势上。

你的竞争优势恰恰是客户所需要关注的，例如客户要求同类档次产品最低价中标，你恰巧是最低价。真心祝贺你，除了好运气外你一定做了很多的工作。你要做的只是确保客户以你的公司的产品特点、技术标准作为采购标准，写入招标文件。当竞争优势客户不关注时，你要告诉客户其实有些采购条件对其很重要，宣传你的产品强项来增强其在客户眼中的重要性，改变对方购买决策准则原有的排序，加大你的优势项目的权重，例如加大某些性能参数优势或成本优势的权重，使你的产品或方案在评标得分中占有优势。当客户关注的恰恰是你做不到的、是你的劣势，如你的产品优势是运行平稳、质量稳定，但客户不关注，他们关注的还是价格，价格恰恰是你的劣势。你要引导客户关注你的优势而忽略劣势，告诉客户采购成本和使用成本的区别，由于设备故障和停产维修造成的损失远远超过节约的采购成本。

另外，除了企业、产品、服务、价格外，销售人员还要了解以下竞争对手的信息：

（1）现有供应商（竞争对手）的采购份额？

（2）竞争对手与客户的合作历史，与客户内部人员的关系？

（3）竞争对手的介入时间？我们在客户心目中的位置？

（4）竞争对手惯用的业务操作模式？

（5）竞争对手的销售人员和个人风格？

（6）竞争对手现有产品使用状况和满意度等。

某防火材料公司与竞争对手的对比分析

	喜利得	其他进口品牌	国产防火封堵
长期性	30 年长效保证	30 年长效保证	无，一般使用 3～5 年
是否含卤素	不含	不含	含大量卤素，腐蚀电缆、污染环境
国内测试	1. 型式检验 2. 型式认可	1. 型式检验 2. 型式认可	1. 型式检验 2. 型式认可
国外测试	国际测试防火时效最高可达 4 小时	国际测试防火时效最高可达 4 小时	
技术方案	各种工法适用不同工况	简单工法无法满足各种工况	简单工法无法满足各种工况
售后服务	现场技术方案支持	无	无
成本比较	一次性投资高，但性价比高	一次性投资高	价格混乱，一次性投资低

二、关于客户和需求

第一，集团或工业品客户的采购组织一般有批准者、采购者、技术者、使用者几个角色。

批准者：一般是董事长或总经理，对采购决策有最终批准权。有人说，搞定老大就行了。首先，老大不好搞定；其次，老大日理万机，只关注重大成本的采购，一般采购向下授权，决策者也只关心对企业未来发展有战略性影响的采购。所以，掂量掂量你的产品在客户心目中的位置再决定也不迟。

采购者：指的是采购经理或采购员。他们最重要的工作是控制采购成本，在满足技术标准的前提下，价格越低越好、付款周期越长越好，因为他的老板是用这些指标来评估他的工作、给他发奖金的。

技术者：一般就是总工程师、工程师。负责制定技术标准，挑选产品，是一个看门人，第一关过不去，接下来基本上就没戏了。有否决权但没有决策权，可以说 NO 不可以说 YES。他们关心产品的性能、指标，他们会不会特别关心价格呢？NO，价格是采购的事情。

使用者：指的是生产经理、操作工人。是产品的实际使用者，最关心产品的质量、服务，关心你的产品使用是否方便、效率高。最不关心的是价格，觉得越贵越好，因为产品质量好服务也好。

另外，采购组织从管理层次还可以分三个层次：决策层、管理层和操作层。决策层关注发展，可以说 YES 也可以说 NO，但不会轻易使用决策权或否决权，主要看是重大采购还是一般采购；管理层对不太重要的采购具有最终决策权，对金额较大的采购具有影响力，他们关注的是业绩；操作层是产品直接使用者或操盘手，对采购也有一定的影响力，关注操作。例如车间工人天天反映你的产品不好使，对供应商以后的工作形成最大的障碍。

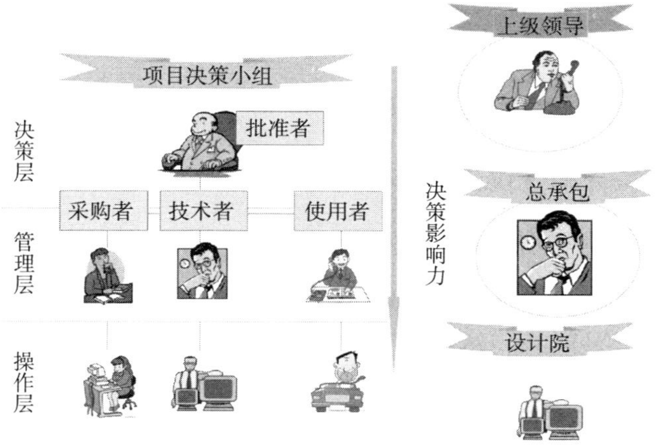

采购组织的管理层次

第二，采购组织成员的立场是不同的。有的是支持你的，有的是反对你的。有的是你的坚定的支持者——教练，帮助你成功是他的主要目标；也有的是你的死敌，帮助你的竞争对手是他的主要目标；更多的是中立的，但是完全的中立也不存在，他们往往是墙头草，是你要争取的对象。客户中也没有人会帮你说话、指点迷津、通风报信。

但是如何在客户中找到支持我们的人呢？对你有好感的人，可以成为我们的线人或支持者，可以成为我们的教练和坚定的支持者，对竞争对手极度不满的人，对其产品和服务不满，对其为人处事不满，同时他们在客户组织内部有一定影响力的人。

第三，客户的内部政治、内部关系是特别需要注意的重要信息。

在我们实际销售中，客户内部成员关系好的，你可以要求他帮你引荐；关系不好的，要尽可能回避，最好在他面前不要提到这个人，否则只会适得其反。所谓朋友的朋友是朋友，朋友的敌人是敌人，一不小心，你就会在客户的内部树立了一个敌人，给你的销售带来大麻烦，你却浑然不知。

第四，还要注意了解客户的采购流程。

采购是如何向前推进的？决策过程是什么？谁发起？谁评估？谁批准？集中采购还是分散采购？是委托第三方采购还是自己采购？例如，大型地产客户，供应商首先要进入集团合格供应商名单，签订长期战略合作协议后，才有机会进入分布在全国各地的地产项目中和其他品牌竞争。有些工程项目中甲方委托总包采购材料，也有些产品需要先有第三方顾问机构，例如设计院进行品牌推荐或参数指定。弄不清楚这些采购流程，要想成功是很困难的。

最终，如果能了解到关键决策人，未来的成功率就很大了。所谓关键决策人是对采购决策有重大影响的人。客户的关键决策人有时不止一个，在客户采购流程的不同阶段还有不同的关键人。当然，最重要的是了解客户的需求，尤其是关键人的需求。

第五，客户需求有组织需求，也有个人需求。

B2B 销售模式是组织的购买，有组织的需求，例如产品质量、服务、付款条件等，但所有的组织购买又是通过个人实现的，个人的动机和需求也会影响到采购的决策。有时候个人需求和组织需求根本就是矛盾的，例如采购人员为了达到某种个人目的而采购价高质次的产品。但个人需求和组织需求两者也可以同时满足，是不冲突的，例如采购人员为公司采购到物美价廉的产品，其出色的表现会得到领导的表扬和提拔。

客户采购组织中的不同角色，对需求的关注度是不同的。其中，采购者关心价格、货期；使用者关心品质和使用效率；技术者关心技术参数；决策者更关心企业的整体目标和结果；中层关注业绩；基层关注操作。因此，对客户需求的把握要有的放矢、对症下药，而客户的麻烦和问题又是需求的出发点。要特别关注客户不同部门对于现有供应商的不满或抱怨：采购部可能对价格和付款方式不满；生产部可能对质量和售后服务不满；技术部可能对参数性能不达标不满；老板则会对企业目标没有达到不满，如投资回报、市场占有率、客户满意度等，这些都是后来者的机会。

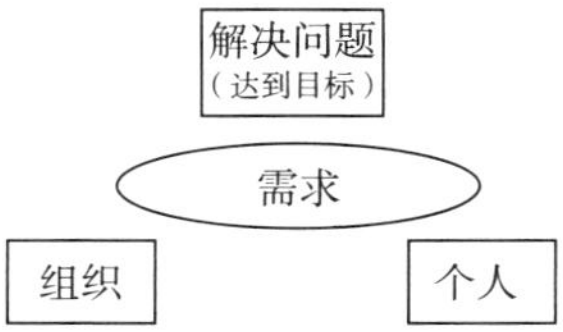

客户需求

三、销售技巧

B2B 销售技巧分为两个方面：策略性的销售技巧，包括销售流程和里程碑、描述目标客户、理解客户决策程序、组织要点、决策人动机、竞争分析、竞争策略和行动计划制定；战术销售技巧，包括访问准备、获得预约、策略性提问发现需求、陈述特征、利益与相关论据、克服拒绝、获得承诺。

（一）销售流程和里程碑

销售流程管理主要讲述的是过程管理，并且认为控制过程和控制结果一样重要。销售流程管理是以最终成交为导向，将最终目标分解为多个可以掌控、可以实现的阶段性目标，里程碑就是销售流程中某一阶段的目标，用来表明销售所取得的进展和成功概率，是我们希望达到的阶段性目标。阶段性目标的成功与否将直接决定最终目标的实现。

注意，里程碑衡量的是成果而不是活动，某电缆企业的里程碑：客户愿意接受拜访、双方签订保密协议、客户提供电缆使用图纸、客户认可我方产品报价、客户同意了解现场工况、被列入合格供应商名单……最终签订供货协议和质量保证协议。请注意，这里都是成果而不是活动。如同你要追求一个女孩子，每天送花不是结果而是活动，而女方家长与你见面，最终有情人终成眷属才是成果。

将实现阶段性目标前的工作细化到每一天和每一个动作，销售人员按照任务清单行动，将销售一步一步向前推进，就能一点一点地接近阶段目标并最终获得成功。销售流程管理的实质在于对销售人员每个步骤和工作内容进行标准化设计，同时将关键节点——里程碑作为其阶段性目标，销售人员以标准化和可重复操作的销售方法，以里程碑作为阶段性目标，依次向前推进到下一个销售流程，最终获得订单。

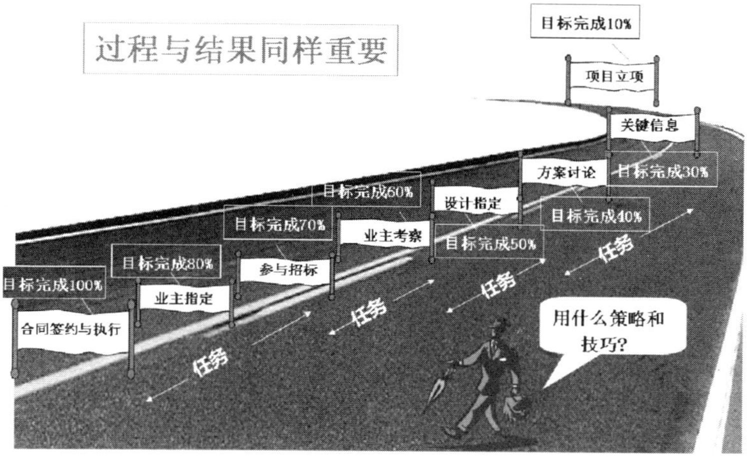

销售流程

某建材企业销售流程——里程碑和任务

比例	里程碑	标准
10%	项目立项	通过项目的收集，获得相对完整的项目信息。初步判断为能够采用我们产品的商业项目或精装修项目，建立工程档案
20%	关键信息 1	通过线人或教练确定各方关键人员，能够理清项目管理组织架构
30%	关键信息 2	与各方对项目有影响的人员深度沟通，了解他们的真实需求——技术、安全、价格、个人利益
40%	方案讨论	提供系统建议，讨论技术方案，项目方能够回应（愿意讨论）
50%	设计指定	设计指定唯一品牌，样板间制作并获得成功，招待项目关键人员，列入选择品牌（入围）
60%	业主考察	业主考察工厂或样板工程；安排高层互动，明确我们的系统方案

续表

比例	里程碑	标准
70%	参与招标	参与招标文件指定，提供技术参数；指定竞争对手；正式提交报价，或总包以我们品牌进行投标
80%	业主指定	中标，业主指定唯一品牌
90%	价格确认	以合适的价格和有利于我方的合同条款与总包进行谈判
100%	合同签订	合同签订、收款、供货

比例	里程碑	任务
10%	项目立项	• 发现项目线索——建立工程数据库（至少每人 50 个项目），重点分析我们系统产品在每一个工程上使用的潜力 • 对项目进行评估——根据潜在用量及项目重要性，从数据库中选择前 30 个工程，主动深入
20%	关键信息 1	• 寻找线人和教练 • 了解项目决策的流程和时间表，以及决策的规则 • 了解参与项目的决策成员角色、性格、立场、相互关系和个人信息等 • 确定影响采购的关键部门和关键人
30%	关键信息 2	• 了解甲方、设计师、承包商、装饰公司、监理的需求，重点关注影响采购的关键部门关键人的需求（技术、安全、价格、个人利益等） • 了解竞争对手的情况（有哪些竞争对手参与项目，这些对手与客户合作的历史、与客户内部人员的关系情况等）
40%	方案讨论	• 与客户方关键人建立关系，展示系统产品和技术方案，并获得客户认同，引导客户认同我们产品和系统的优势 • 具体手段：技术说明、系统模型、安装演示、样板间、研讨会、成本比较、证书资料、系统选择建议、材料用量、设计建议、现场参观、客户招待等
50%	设计指定	
60%	业主考察	• 邀请业主和设计、总包、监理等考察工厂或样板工程 • 利用运作个人关系的最佳时机，安排高层之间的对话
70%	参与招标	• 购买标书——制定目标和投标策略——撰写投标文件——参加现场投标
80%	业主指定	• 中标后要求业主指定唯一品牌的文件和通知

续表

比例	里程碑	任务
90%	价格确认	• 协助经销商与客户采购部门就价格、合同条款等进行谈判
100%	合同签订	• 协助经销商与客户签约 • 协调经销商与我们之间的订单、收款、发货、收货事宜 • 必要时组织现场指导和培训

（二）竞争策略

工业客户的需求以解决问题为主。我们进一步定义，把问题称之为隐含需求，而把客户直接说出的需要称之为明显需求，而明显需求的具体细化称之为采购标准。隐含需求、明显需求、采购标准，三个层次形成所谓的需求漏斗。假如天气越来越热了，气温超过 35 度，你在家里汗流浃背，感觉很不舒服，这是问题——隐含需求；你会产生什么样的明显需求：吃冷饮、买电扇、买空调是选择；买什么样的空调、中央空调还是一般分体式空调、房间多大要多少匹的、什么品牌、预算是多少，这就是采购标准。

了解客户的明显需求是销售人员的基本功，而挖掘需求背后的问题和引导客户的采购标准无疑对销售人员提出了更高的要求，这会带来更多的成功机会。客户要什么你给什么，大部分销售人员都会做，但问题是客户有些要求你是做不到的，例如客户要求更低的价格和更长的付款周期，更糟糕的是客户的要求你做不到时，而你的竞争对手却能做到。

我们把业务中可能碰到的客户分成三类：潜在客户、现实客户和订单客户。

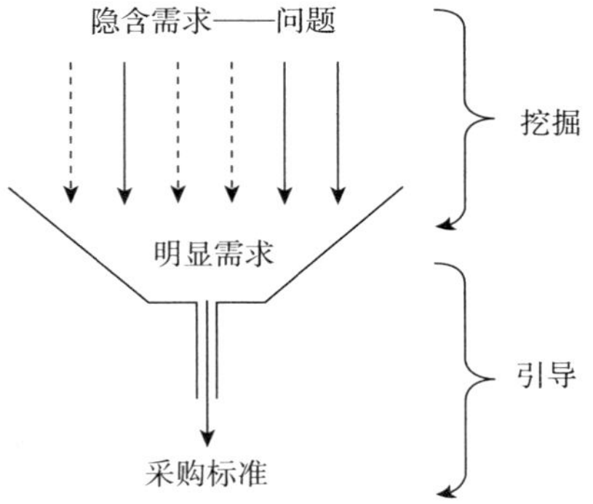

竞争策略

潜在客户：客户处于隐含需求阶段，客户感觉有问题，例如成本太高、效率低下、质量不稳定等，但由于某种原因他们决定忍受。客户还没有明确的需求，竞争对手还没进入。可以先入为主对客户施展影响力，成功的概率大，但销售成本也高。

对于潜在客户我们一般采取先发制人的策略，简单的讲就是定规则：说服或影响客户以我方独特的产品技术参数或技术标准作为采购时的技术标准，竞争对手也有同样的优势，但成本更高。有人说我们的行业产品同质化严重，很难用技术指标屏蔽对手，也可以用商务条件屏蔽对手，说服或影响客户以我方占优势交货期、注册资本、经营年限、行业业绩等作为采购时的商务标准。先发制人的策略的手段主要有指定产品参数和型号、加大特定标准的权重、苛刻的付款方式、严厉的违约责任、无法做到的供货期限，让对手知难而退。

现实客户：客户处于明显需求阶段，客户项目已经立项，初步询价、初步接触供应商，或有初步采购标准。简单的说客户要买了，但买什么样的产品还没有十分成熟的想法，供应商还有影响客户的空间。

对于现实客户我们也可以采取先发制人的策略，但在竞争对手占有先机的情况下，必须采取扭转局面的策略，研究客户的方案存在的缺陷、不合理或不完整之处，说服客户重构采购标准。标准重构就是原来你认为正确的、完美无缺的评价体系其实是错误的、不合理或是不完善的。你有喝牛奶的习惯吗？如果我告诉你，从今天开始不要再喝牛奶了，因为没有一种动物或生物是终身喝奶的，人类喝牛奶是明显违反大自然规律的。不喝牛奶喝什么呢？最好喝豆奶，必须买豆浆机自己磨。买什么样的豆浆机呢？九阳。你们现在明白我的角色了吧，改变你的评估标准的目的是我要提出新的解决方案。

订单客户：客户处于采购标准阶段，客户邀请你去投标，客户的长期固定订单，或客户采购标准非常明确，客户知道自己要买什么样的产品。竞争对手前期可能已经进入，客户被洗脑的概率大，而你成功的概率小。

对于订单客户可以采取直接竞争策略：以占优势的价格、产品性能等直接夺单，或依靠强势的客户关系直接搞定客户高层，前提条件是你比竞争对手有优势。订单当客户需求非常明确时，你可以询问背后的原因以寻找可能的商机。例如客户今天对你说只选择国产品牌的设备，而你恰恰是做进口品牌设备的，客户需求看起来很明确，你不妨问问他为什么一定要国产的设备。他可能告诉你：以前由于进口易耗配件时间太长导致生产线停工。其实这个问题对你们来说可能是不存在，所有的易耗件都是在国内生产的，而且进口设备整机性能更可靠。

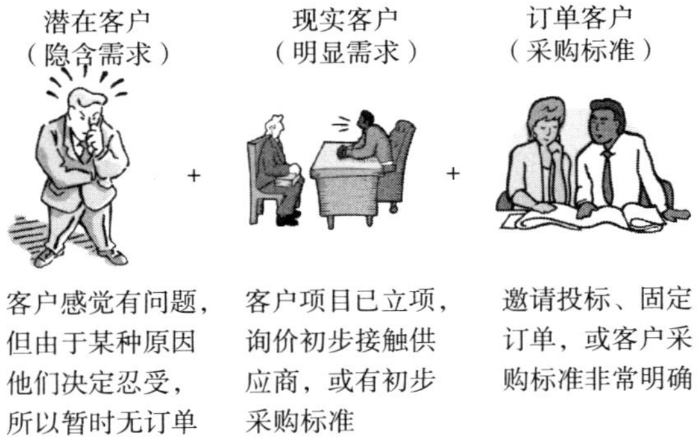

客户分类

（三）沟通技巧：提问、倾听、介绍

成功的销售访谈，买方说的多，卖方问的多。卖方一般在访谈的后期介绍产品和方案，销售人员要多听少说。菜鸟销售拜访客户时一般说的多，一见面，客户问："你是什么公司的？"销售人员说："我是某某公司的。"客户说："某某公司我知道，那你把产品介绍一下。"销售人员老老实实的介绍了一遍，客户说："你讲完了？"销售人员说："我讲完了。""没有了？""没有了。"客户说："没有了你回去吧，资料留下，等我们需要的时候再来找你。"都是客户问销售人员答，客户会不会再去找他，99%不会的。好的销售人员与菜鸟销售最大的不同是前者善于提问，让客户回答，自己仔细的听，获得需要的信息，了解客户的需求和背后的问题，最后有针对性地提出解决方案。谁提问谁就掌握了主动权。

提一个好问题，接下来就是倾听。在团队里最有人缘的人，你有苦恼愿意跟他交流的，一定是那个你说话他不插嘴，还不断点头表示同情的人。你的倾听会鼓励说话的人说得更多，同时，也体现了对客户的尊重。一次我拜访一个企业老总，事先听说他性格比较武断，说话快还不让人有插嘴的机会。见面后，我基本上不说话，都听他说，结束的时候，他反而对我说："你刚才介绍的真不错，说的很好。"

问一个好问题，把客户的需求听清楚，最后才是你的产品陈述，而产品陈述在整个销售访谈中应该是最少的。很多销售人员是急性子，总是迫不及待地想展示其产品的优势，只要潜在客户表达出对产品的某些关注，他们就会马上进入演讲状态，开机关枪一样把产品的优势和其他用户的反馈意见介绍一遍，就怕客户不理解。其实，这是非常失败的沟通行为，根本没有办法达到了解需求的目的，也让客户感觉你在自吹自擂。销售要抑制自己说话的冲动，有一个技巧，就是在开口以前，心里从 1 数到 10，对方还是不说再开口。再教大家一个技巧，你实在想给客户介绍产品或方案，结尾也应该以问题结束，如，你觉得怎样、你理解了吗？

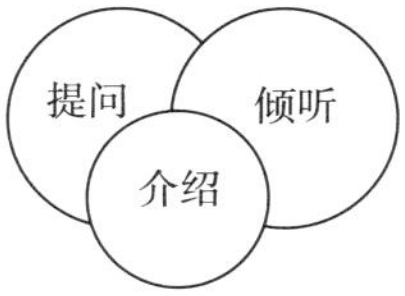

沟通技巧

（四）呈现价值的 FAB 法则

呈现产品价值采用 FAB 法则，FAB 法则分别代表特征（Feature）、优点（Advantage）、利益（Benefit）。

特征（Feature）：是指产品的特点和属性，例如智能手机采用什么样的 CPU，是双核还是四核，内存多大。特征是回答"它是什么"的。

优点（Advantage）：指产品的优势如何帮助客户，例如因为采用了四核的 CPU 和 3GB 的内存，所以智能手机运行更流畅、不死机、不发烫。优点用来回答“它能做什么”。

利益（Benefit）：指给客户带来的好处，例如因为采用了四核的 CPU 和 3GB 的内存，智能手机运行更流畅、不死机，对你而言打游戏更爽、抢红包更快。利益是用来告诉你“它可以解决什么”。

对客户而言，最关心的一定是得到的利益，第二是优势，最后才是特征。好的广告不会纠缠产品的特征，而是直击客户想要的结果——带来什么好处、解决什么问题。利益需要量化，B2B 销售模式中大部分利益是可以用数字量化的，数字对客户的说服力大。最理想的方法是将利益全部转化为利润增加、成本下降。除了狭义的产品利益外，广义的产品利益还包括质量保证书，安装维修、使用培训等带来的利益，提供赊账支付、现金付款折扣、数量折扣等，都是可以强调的客户利益。有些客户对厂家提供信用支持的关心程度大大超过产品本身带来的利益，例如经销商、集成或总包关心的可能是价格、利润和付款条件等而不是产品本身。

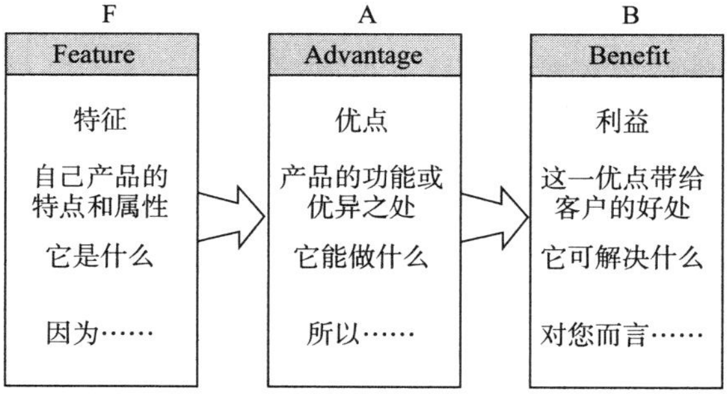

FAB 法则

案例思考11：

刘峰的团队里来了几个新销售人员，开始非常有上进心。刘峰对下属的培养也没少操心，每次拜访客户都会带下属一起去。但毕竟是新人，遇到问题总是习惯性地向他求助，希望其出面搞定。最终成为习惯，这对刘峰来说是矛盾的，即想放手又怕丢了订单影响团队成绩，也担心没业绩，新人的积极性受影响。

你认为刘峰下一步应该怎么办?

案例思考12：

刘峰团队有一个老销售大张，已经有10年的销售经验，几乎是和刘峰一起进的公司。前几年销售业绩一直很平稳，不过最近1年里，大张似乎有点不在状态。大张的一个大客户运营模式有较大的变化，刘峰也跟他一起拜访过，感觉大张原来的那一套销售方法有点跟不上客户的需要。但刘峰有点矛盾，是否要对他做必要的培训和指导？刘峰担心对方的面子问题，怕大张无法接受?

你认为刘峰跟大张怎样沟通比较好?

销售人员现场指导评估

请选择一次你和销售成员的《现场指导》，对他的表现进行评估，1分表示“最好”，4分表示“最差”。

（1）在就业务询问探索性问题之前，销售人员是否通过和客户讨论个人爱好来建立良好关系？（　　）

（2）他是否证明了自己掌握了关于决策者、影响者和决策过程的正确知识？（　　）

（3）销售人员是否已掌握了有关客户业务的情况、运作、竞争对手、关键驱动人物，以及产品（服务）的使用情况的知识？（　　）

（4）销售人员提出探索性问题来确定关键的问题、需求和机会了吗？（　　）

（5）销售人员就解决方案、产品和服务提出建议了吗？（　　）

（6）销售人员正确地演示了产品特征、带给客户的利益和证据了吗？（　　）

（7）销售人员用货币量化了这些利益了吗？（　　）

（8）销售人员积极地倾听了客户的想法了吗？（　　）

（9）销售人员克服客户的拒绝了吗？（　　）

（10）销售人员有条理地使用了销售辅助手段了吗？（　　）

（11）销售人员使用了参考证明的销售手段了吗？（　　）

（12）销售人员的行为像一个顾问并从客户的角度考虑问题了吗？（　　）

（13）销售人员正确地询问期望客户发生的行为了吗？（　　）

（14）销售人员安排了下一次活动了吗？（　　）

第七章

Chapter 7

对销售人员的激励

自我检测

认为最有效的激励方式是物质激励	Yes/No
对所有人员采取同样的激励方式	Yes/No
批评比表扬用得多	Yes/No
公开批评、私下表扬	Yes/No
对下属呵斥、咆哮	Yes/No
容忍下属的低绩效表现	Yes/No
时常表现对下属不满，还让他们感到对其能力的深深不信任	Yes/No

作为销售经理，如果上述几个问题的回答都是NO，就祝贺你本次学习旅程到此结束了，如果你的回答大部分是YES，就很有必要跟随笔者就如何对销售人员进行激励这一主题进行讨论，掌握销售管理的最后一个关键点的管理方法、技巧和工具。

第一节　马斯洛需求层次理论

某城市有一个著名的厨师，他的拿手好菜是烤鸭，深受顾客的喜爱，特别是他的老板，更是对其倍加赏识。不过，这个老板从来没有给予过厨师鼓励，使得厨师整天闷闷不乐。有一天，老板有客从远方来，在家设宴招待贵宾，点了数道菜，其中一道是老板最喜欢吃的烤鸭，厨师奉命行事。然而，当老板夹了一只鸭腿给客人时，却找不到另一只鸭腿，他便问身后的厨师说："另一条腿到哪里去了？"厨师说："老板，我们家里养的鸭子都只有一条腿。"老板感到诧异，但碍于客人在场，不便再问。饭后，老板便跟着厨师到鸭笼查个究竟。时值夜晚，鸭子正在睡觉，每只鸭子都只露出一条腿。厨师指着鸭子说："老板，你看，我们家的鸭子全都是只有一条腿。"老板听后，便大声拍掌，吵醒鸭子，鸭子当场被惊醒，都站了起来。老板说："鸭子不全是两条腿吗？"厨师说："对，不过只有鼓掌拍手才会有两条腿呀。"

销售经理的工作是通过销售人员的努力才能完成团队的销售目标，他的成功取决团队的成功。因此，销售经理雇用合格的销售人员、给予适当的监督和培训，并且应及时激励每一位销售人员，使他们始终保持旺盛的斗志。所以销售经理还必须是能鼓舞士气的拉拉队长。什么是激励？激励就是以满足员工未被满足的需求为手段，促使员工满足组织的需要。艾森豪威尔说过：“激励是促使别人渴望去做你想让他们做的事。”组织需求当然是实现公司的战略目标、完成销售业绩。个人的需求又是什么呢？按照马斯洛需求层次理论，把人的需求由下而上分为五个层次，分别是生理需求、安全需求、社交需求、尊重需求、自我实现，自我实现是最高层次的需求。

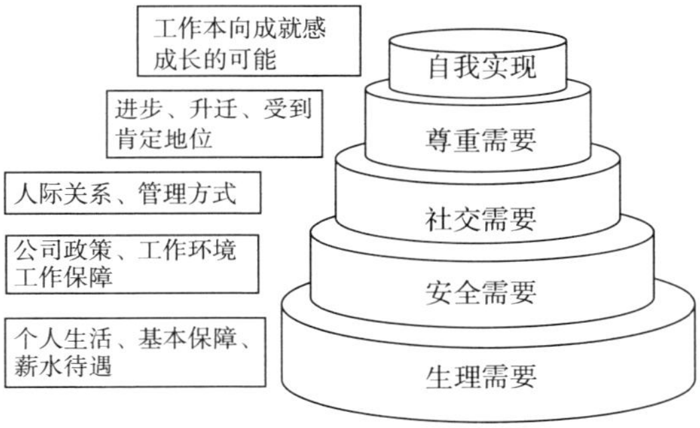

马斯洛需求层次理论

生理需求就是早晨起来你想做的第一件事情：穿衣服、上厕所、喝水、吃早饭。对销售人员来说，个人生活的保障和薪水待遇是最基本的需求。当销售人员感到工作受到威胁或待遇和报酬不够时，所有的激励方法都将失去效果。大家一定都看过海豚表演，其实从一开始海豚并不能跃出水面这么高，需要通过训练员不断地训练，先将小鱼放在水面附近，然后一点点升高，最后海豚能一跃而起触碰到高高挂起的气球。

你担心食品安全吗？你担心蔬菜里面有残留的农药吗？你害怕每天喝的牛奶里面有三聚氰胺吗？这就是安全需求。销售人员关心公司所在行业是否有前途？公司的政策是否鼓励员工有长期的职业规划？虽然销售工作是一份具有挑战性的工作，但有的年长的员工宁愿拿低一点的薪水，而谋求大公司稳定的工作保障。某个公司将面临被收购而导致部门重组和裁员，销售人员人心惶惶都忙着寻找新的工作，根本没有人去拜访客户。当最后20%的人员被裁掉以后，剩下的30%找到了新的工作，还有50%的销售人员完全丧失了工作积极性，市场份额因此急剧下降。

你需要有朋友、需要友情和爱情。你去欧洲旅游，在微信上发了很多照片，其实你最开心的是看到有人在点赞，这就是社交需求。销售人员需要在融洽和谐的工作环境中工作。前面我们说过，销售人员离职的主要原因是与其上司有关系，上司的管理风格简单粗暴，会导致下属沮丧和情绪低落，团队成员内部关系不融洽也是销售人员离开的原因。有一个企业老板抱怨：企业老是留不住人，员工像割韭菜一样走了一茬又一茬。其实该企业的工资待遇在同行业里并不低，主要是老板对员工的要求太苛刻，员工若办了十件事，其中九件都比较圆满，一件办不好轻则辱骂，重则辞退，员工感觉工作环境太压抑。

人人都希望自己有稳定的社会地位，个人能力和成就得到社会的认可。销售人员在做出好的业绩的时候，同样需要上司的认可、表扬或职位提升。有一个钢材销售人员，随着国家大规模基本建设投资，其业务也蒸蒸日上，公司也给了他大笔的业务费用来招待重要客户：请客户打高尔夫，甚至到国外度假。但后来国家经济宏观调控，导致其业务受到很大影响，公司不得不削减他的业务费用。但这位销售人员不惜以降低薪水为代价，要求公司给予原来一样的业务招待费用，因为这种生活方式对于维持他在公司同事和客户面前的地位和自尊心是非常重要的。

一位商人看到一个衣衫褴褛的铅笔推销员，顿生怜悯之情，他不假思索的将10元钱塞给了卖铅笔人的手中，然后头也不回地走开了。走了没几步，他忽然觉得这样做不妥，于是返回来，从卖铅笔人手中取出几支铅笔，并抱歉地说自己忘了取笔，希望卖铅笔人不要介意。最后，他郑重其事地说："您和我一样都是商人。"一年后，在一个商贾云集、热烈隆重的社会场合中，一位西装革履、风度翩翩的推销商迎上这位商人，不无感激地自我介绍道："您可能早已经忘记我了，而我也不知道您的名字，但我永远都不会忘记你，您就是那位重新给了我自尊和自信的人。"这是人的尊重需求。

马云说："这个世界只要有梦想，只要你不断努力、不断学习，不管你长得如何，不管你是不是有钱，不管是这样还是那样，你都是有机会的。"开始创业的时候，马云的18位"创业罗汉"，其中包括马云的妻子、当老师时的同事和学生、患难朋友，当然还有被他的人格魅力吸引来的业界精英，如阿里巴巴首席财务官蔡崇信，当初抛下一家投资公司年薪75万美元的副总裁职位，来领马云几百元的薪水。什么是自我实现？就是不求名不求利，只为实现心中的梦想。

一个渴望成功和出人头地的销售人员，具有强大的内心驱动力。有趣的是企业里干得好的销售人员大都是偏远地区或农村出来的孩子，他们要在繁华的大城市立足，有改变自己命运的强烈愿望。在这个浮躁的社会，大家都在急功近利地追求物质利益和回报，有些人一进公司就谈利益，一天到晚都想着几点下班、什么时候放假的；另外一些人虽然是打工者但具备老板的思维，站在企业的角度，替老板思考问题，随时为老板出谋划策、排忧解难，这些销售人员具备自我实现的强烈愿望。

马斯洛五个需求层次按生理需求、安全需求、社交需求、尊重需求、自我实现排成顺序，低层次需求得到满足后才会追求高一层次的需求。所以，当销售人员感到工作受到威胁或待遇和报酬不够时，所有的激励方法都将失去作用。例如老板对你说："公司准备提升你做销售总经理。"你可能这样对他说："总经理就算了，还是把公司去年欠我的工资发给我吧，家里已经揭不开锅了。"另外，每一时期总有一种主导需求对员工行为起决定作用，而其他需求处于从属地位。不同的销售人员在不同的时期也有不同的需求。

大学毕业刚参加工作的销售人员经验尚显不足，销售技术也不纯熟。虽然他们朝气蓬勃、充满活力，对工作也充满了热情，但是遇到挫折便来一个180度的大转弯，对自己是否适合这个职业产生怀疑，或者转岗，或者从此一蹶不振。这个阶段的员工最大的需求是希望尽快出业绩在新公司站稳脚跟。因此，帮助新的销售人员树立信心、通过培训指导帮助其迅速出单，是对他最大的激励。

25~30岁的销售人员过了适应期，有了固定的客户订单，也有了一定的工作经验，销售技巧也日趋完善，进入了职业生涯的成长期。这个阶段的销售人员最注重的是公司对其工作价值的认可和表扬，需要看到其在公司有成长空间和发展机会，要给他描绘梦想和清晰的职业规划通道。

30~45岁的中年员工大多已成为公司的中坚力量，他们基本已经成家，需要承担家庭责任，上有老下有小，加上房子、车子、社交等因素，物质需求比较高。可谓能力与压力并重，因此他们最看重的是薪资和在公司被委以重任。

而45岁以上的老员工经验和阅历最丰富，对公司、行业的认识比较深，忠诚度较高，但惰性和自大心理也相对较强，他们在乎地位和尊重并希望安稳。要激励他们发扬开拓进取的精神或从事公司内部管理、培训等辅助性工作。

销售人员在不同的时期也有不同的需求

只有未满足的个人需求才能影响人的行为。没有钱的给钱，没有名的给名，名利双收的给梦想，你能给他需要的，就能影响他的行为和动机。但是，对人影响最大的还是满足更高层次的需求，自我实现一定要比生理需求的影响更大。吃鱼的猫抓老鼠效率高还是饿的发慌的猫抓的老鼠多？结论是吃鱼的猫抓老鼠多，吃饱鱼的猫抓老鼠不是为了吃是为了玩，因为需求不在一个层次上，推动力也不一样。

销售经理的任务就是发现下属不同的需求，以满足员工未被满足的需要为手段，促使其满足组织的需要，因此你要采取不同的激励方式。问题是作为主管你真的了解下属的需求吗？下属在想些什么，他最需要解决的问题是什么？老王长期出差在外，公司为了鼓励员工，派其旅游，但老王宁愿回家探望80岁的老母，他是一个大孝子。某公司要上市，对高层管理者来说可能是天大的喜事，但是普通员工会关注吗？他们都觉得自己是看热闹的局外人。据调查：销售领导对其下属需求的认知和下属的实际需求是有较大偏差的，下属对自我需求的排序依次是认知及赞赏、有挑战性的工作、薪资福利……而其主管以为员工最关注的需求依次是薪资福利、安全感、有挑战性的工作……因此，千万不要想当然地认为金钱的激励就是最好的激励。

员工个人需求调查

员工的需求	下属的评价	主管的评价
认知及赞赏	第一	第七
有挑战性的工作	第二	第三
薪资福利	第三	第一
善解人意的主管	第四	第五
升迁	第五	第四
对私人问题的辅导	第六	第八
工作环境	第七	第六
安全感	第八	第二

销售经理对待下属要像对待外部客户一样，为每个销售人员建立个人档案：家庭状况、兴趣爱好、职业经历、教育状况、长处、短处、发展计划、个人目标等。销售人员就是销售经理的内部客户，你要与下属保持密切的沟通，经常询问你的下属：我做什么可以激励你更好地完成工作；你喜欢什么样的激励方式，是安全感、高工资、被认可、有趣的工作还是得到晋升呢。

某公司有一位资深销售人员，平时工作随意、散漫，但因为其几个大客户关系维护的不错，成绩在团队里也能名列前茅，不过很明显该销售人员有更大的潜力。在一次销售协同拜访后，该销售人员邀请上司去他家共进晚餐，上司发现他家院子里停了好几辆摩托车，原来该销售人员爱好飚车比赛，但又抱怨没钱买更大排量的摩托车。第二天上司给了该销售人员一个提议：公司有新的产品系列需要开发新的客户，那是与过去完全不同的行业，但公司可以提供丰厚的佣金收入。最后，该销售人员与他的上司达成共识，不仅满足了销售人员业余爱好对资金的需求，也满足了销售经理对业绩增长的愿望。

第二节　激励销售人员的 N 种方式

一、赞扬和认可

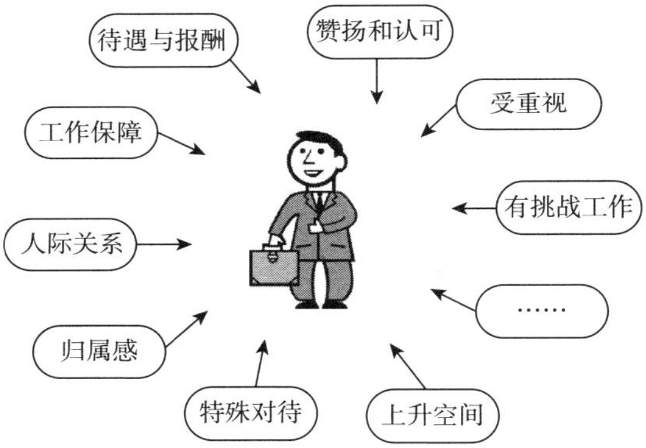

激励销售人员的方式

我的一个朋友是陕西西安人，2015 年“五一”结婚，老婆是上海人。我们相约喝茶，他告诉我他结婚以来的有趣经历。结婚三周之后的一个周末，朋友在家里跷着二郎腿坐在沙发上看书，他的老婆发话了：“你能不能给我做一顿饭吃啊?”我朋友说：“我不会做啊?”西北男人大男子主义倾向比较严重，朋友从小到大确实没做过一次饭。但是上海女人说起话来就像撒娇，非要让老公做一顿饭。这时候男人如果还是不做就说不过去了，朋友只好答应。“这样吧老婆，你来教我做吧。”于是他的老婆告诉他如何洗菜、切菜，做的时候应该放多少的油盐酱醋，朋友花了近两个小时终于弄好三个菜。朋友把做好的菜端到桌子上，让老婆尝一尝他的手艺。

朋友的老婆夹起一口菜放到嘴里后，非常吃惊。朋友就赶紧问：“老婆，我的手艺怎么样？”他的老婆第一句话是：“这是你炒的菜吗？”难道不好吃吗？他的老婆说的第二句话是：“我长这么大从来没吃过这么好吃的菜。”结果我的朋友很开心，“第一次做怎么会呢？”他老婆说的第三句话是：“我真的不骗你。”这三句话让朋友的心情相当好，吃完饭之后主动承担了刷锅洗碗的任务。

朋友第一次做饭以后，有时候甚至期待老婆让他做第二次饭，两周之后的一个周末，老婆又用换汤不换药的方式让朋友做了第二次饭。人如果第一次做的事情得到了很好的评价就会很开心，以后对做同样的事情会很有兴趣。所以，朋友很高兴地去做饭了，还承担了刷锅洗碗的任务。时间过得很快，一晃 5 个月过去了。上海的 10 月还很热，我朋友做家务活有点累，就停下来擦擦汗，抬头发现他的老婆坐在沙发上，跷着二郎腿，嘴里嗑着瓜子，看着韩剧，开心得不得了。我朋友一下子愣在那里，回忆从结婚之前做家务是零，到三周第一次，一直到最近一个月在家里做家务的比例已经上升到了 50% 以上，而自己一点没有感觉到这种变化，只是觉得每一次在家里做家务好像都很开心。原来每一次做完家务之后，他的老婆给予的评价让朋友很开心。

美国著名管理学和组织行为学权威斯蒂芬 P. 罗宾斯在其畅销书

《管人的真理》中介绍：有1500位来自不同岗位的人接受了一项调查，旨在发现什么是最有力的职场激励因素，他们的反馈是认可、认可，还是认可。世界顶级激励专家艾德里安·高斯蒂克和切斯特·埃尔顿在其畅销书《胡萝卜原则——比薪酬更有效的激励方法》中介绍：他们在全球范围内做过一次调查，在影响员工敬业度的因素问题上，大家都把赞赏排在了工资的前面。但他们的调查还发现，有高达74%的领导者不去赞赏自己的员工。

一个销售人员兴高采烈地对其主管说："我有一个好消息，我跟了两个月的那个客户今天终于同意签约了，而且订单金额比我们预期的多20%，这将是我们这个季度价值最大的订单。"但是这位主管对那名员工的反应却很冷淡，"是吗？你昨天说过有一个客户，方案书送过去了吗？"员工说："还没有。"此时主管却严厉地说："快做，然后拿来给我看看，千万别耽误了。"员工心想：我这么努力地苦干拿了订单，可是我的主管不仅不表扬，反而因为我没来得及送方案书而对我严加训斥，我发誓再也不像以前那样努力工作了，反正我的业绩再好也听不到领导的半点儿表扬。

销售人员希望他们的业绩被注意、表扬和欣赏，销售经理通过认可来增强和奖励他们所希望的正面行为和结果，例如获得订单、更多的新客户、成功的销售演示、客户的满意度等。认可有许多方式：口头表扬、高层感谢信、表彰大会、荣誉协会、业绩排名等，但对销售人员不经意非正式的赞扬：一个赞许的眼神或拍拍下属的肩膀都可以起到激励下属的作用。销售经理不要吝啬这些非正式的激励，和薪水、奖金这些物质激励相比，非物质激励的性价比最高。

赞扬有四个原则：公开、公平、具体、及时。

所谓公开就是表扬，要让所有人知道，通过电子邮件、公司告示栏、公司表彰大会等形式，公开表扬取得成绩的销售人员，是一种相当鼓舞人心的激励法。比起一对一的表扬，以公开的方式对销售人员进行表扬，会使赞扬的效果更加显著。不仅如此，员工被公开表扬，还能给其他人树立一个好的榜样，鞭策其他销售人员努力工作，形成良好的工作氛围。

所谓公平就是表扬要一视同仁，业绩达到了标准不管是谁都要当众表扬，不能专门偏向某个人或某几个人。另外，广泛地表扬也是对真正做出业绩的个别员工的不公平，当表扬团队的时候一定要指出哪几位表现特别突出。只有这样，才能创造一种公平竞争、努力向上的工作氛围。

所谓具体就是要对具体的事情进行表扬，不能笼统地说某人最近表现不错，要详细说出他在哪一点上表现不错。例如，小王今天在拜访客户的时候，在回答客户的关于价格疑问的时候说得非常好，你的表扬给对方的感觉是可信的、真诚的，对员工的激励作用会更大。一次，英国女王请大明星卓别林吃饭，席间女王称赞卓别林的电影演的好，回家的路上卓别林对其仆人说："他并不太高兴，因为女王没有说明他的哪部电影哪个角色演的好。"

所谓及时就是指能否及时给予激励，以免激励起不到应有的作用。据本人所知，有的企业不太重视激励的及时性，年终奖一拖再拖，甚至到第二年的年中再发，早就失去了对员工的激励作用。

二、受重视的作用

日本松下电器总裁松下幸之助有一次在一家餐厅招待客人，一行六个人都点了牛排。等六个人都吃完主餐，松下幸之助让助理去请烹调牛排的主厨过来，他还特别强调："不要找经理，找主厨。"助理注意到松下幸之助的牛排只吃了一半，心想一会儿的场面可能会很尴尬。主厨来时很紧张，因为他知道请自己的客人来头很大。"是不是牛排有什么问题?"主厨紧张地问。"烹调牛排，对你已不成问题"，松下幸之助说，"但是我只能吃一半，原因不在于厨艺，牛排真的很好吃，你是位非常出色的厨师，但我已 80 岁了，胃口大不如前。"主厨与其他的五位用餐者面面相觑，大家过了好一会儿才明白是怎么回事。"我想当面和你谈，是因为我担心你看到只吃了一半的牛排被送回厨房时，心里会难过。"

如果你是那位主厨，听到松下幸之助的如此说明会有什么感受？是不是觉得备受尊重。时刻真情关怀下属感受的领导时刻都会捕获下属的心，并让下属心甘情愿地为他赴汤蹈火。

销售人员每天面对客户的拒绝，在某些工作场合，销售人员得不到客户应有的尊重，甚至他们的家人也不能理解其工作。因此，销售经理要让销售人员感到他们的工作对公司的成功和发展起了很大作用，做出了很大贡献，没有他们公司就不能生存。销售经理乃至更高管理层的积极态度会影响公司的非销售人员，这样就进一步增强了销售人员的价值感和存在感。管理层的重视态度、完善的培训计划、销售经理对下属工作的欣赏、当他们遇到困难时的及时反应，都有助于销售人员感到自己的重要和有价值，从而加倍努力工作。

（1）有完善的培训计划。当公司具备完善的培训计划，也愿意投入成本对销售人员进行入职前和入职后的培训，尤其是销售经理时刻把自己当作教练，愿意进行传帮带，就会使销售人员感受到公司的重视程度。例如，我们挑选最勤奋或最杰出的员工去参加外部的研讨班和培训会议，本身就是对这些员工的激励。利用培训来激励员工是最有效的激励方法之一。

（2）领导重视销售。在以技术为中心的公司中，管理层是否真正将销售队伍作为公司的中心，这一点尤为重要。遗憾的是在有些公司，销售人员被认为是用公司的钱吃喝玩乐、游山玩水的人，而公司的研发部门或生产部门才是最重要的部门。这种气氛影响了销售人员，并最终会降低销售队伍的生产率。销售经理要积极与领导或其他部门沟通，请他们参加销售会议，告诉他们市场的状况、面临的困难，需要他们的支持，最终获得他们的理解。

（3）对成绩表示欣赏，对困难及时反应。当销售人员拿下一个订单或开发了一个新客户，销售经理都要表示赞赏和肯定，并表示他的工作对销售团队和公司多么重要。同样，当销售人员碰到困难，例如订单无法按期生产或客户要求信用支持的时候，销售经理应当积极协调，为下属排忧解难。如果对下属的帮助请求视而不见或等了很久才回复，那就会打击销售人员的积极性。

（4）及时获得公司信息。销售人员尤其是远离公司总部的销售人员总是最后一个才知道关于公司的产品提价、产品包装变更、新的销售政策或出货将延迟等消息。更可笑的是，这些消息往往还是客户告诉他们的。原本销售人员应该第一个知道对销售影响最大的信息，偏偏公司把他们都当成透明人，这对销售人员的打击是很大的。因此，销售经理有责任加强与公司其他部门的沟通与协调，将公司信息及时向销售人员通报。

三、有挑战的工作

查理斯·施瓦伯担任卡耐基钢铁公司第一任总裁时，发现自己管辖下的一家钢铁厂很落后，便问厂长："为什么产量总是落后呢?"厂长回答："说来惭愧，我好话丑话都说尽了，甚至拿免职来恐吓，可他们软硬不吃，总是懒懒散散的。"那时正是日班工人即将下班，夜班工人就要接班的时候，施瓦伯向厂长要了一支粉笔，问日班的领班："今天炼了几吨钢?"领班回答："6吨。"施瓦伯用粉笔在地上写了一个很大的6后默不作声地离开了。夜班工人接班时，看到地上的6字，好奇地问是什么意思。日班工人说："总裁今天过来了，问我们炼了几吨钢，领班告诉他6吨，他就在地上写了一个6。"次日早上，日班工人来上班，发现地上的6已被夜班工人改为7，知道输给了夜班工人，日班工人很不是滋味，他们决心给夜班工人一点颜色看看。那一天，大伙加倍努力，结果他们炼出了10吨钢。于是，地上的7顺理成章地变成了10。在日班、夜班工人你追我赶的竞争之下，工厂的生产情况很快得到改善，后来该厂产量竟然跃居公司所有钢铁厂之首。只用一支粉笔，施瓦伯便扭转了乾坤。

不同的人需要不同的激励方式。对某些人来说完成一项有挑战的工作也是一种激励，他们乐于挑战自我，完成更复杂、需要付出更多努力的工作，并且从中获得成就感与满足感。销售团队中也有这样的人，他们乐于应对大家都觉得难搞的客户，或者经常从竞争对手那里抢夺订单，他们这样做并不仅仅为了多拿奖金，更多的是为了证明自我价值。而这样的人往往是团队的销售精英或销售冠军，他们的业绩要占整个团队的70% ~80%。我们常常激励后进者，但要仔细想想，同样有10%的增长是对占整个团队70% ~80%销售额的那些人进行激励，还是对完成20%的销售额的那些人激励，谁的效果更好呢?

让那些喜欢挑战的人去应付棘手的客户时，你不妨跟他说："这个客户派其他人我不放心，估计搞不定，也只有你出马才能拿下了。"他们不会觉得你在为难他或给他穿小鞋，相反，会觉得你非常看重他的能力。在不影响现有销售业绩的情况下，也可以让他负责更大的销售区域；让他们列席更高层的管理会议，让他们参加管理决策对公司的销售政策提出建议；让他们参与面试新员工或让他们成为新销售人员的导师，监督和指导新员工；鉴于他们的工作能力可以给他们更多的授权，让他们有权做某种决定。例如，让其在与客户谈判中有某些余地，让他们知道自己的能力和判断力会获得上级的认可。通过上述方法，这些人便获得了成就感和满足感，工作积极性也会空前提高。

四、特殊对待

女儿有一天从幼儿园回来，从兜里掏出来一朵小红花儿让我看。我问她："谁送的呀?""是小刘老师奖励给我的。"女儿高兴地回答。"为什么奖励你呀?"妈妈又问。"我看见小刘老师的一颗扣子掉了，就捡起来还给了她……"女儿叙说起来。我打断她的话，说道："让我猜猜，是不是小刘老师当着全体小朋友的面夸奖你，让大家向你学习，还奖励了一朵小红花儿。对不对?""爸爸真聪明!"女儿对我的猜测很满意。

第二天，女儿又带回来一朵小红花儿。我问她："今天小红花儿是为什么奖励的呀?""我今天以为小刘老师的扣子还会掉，就总是盯着她的衣服，可是没有掉。后来，小刘老师知道我在帮她盯着扣子就又表扬了我，说我以前注意力不太集中，今天有进步，所以，又奖励我一朵小红花儿。"听着女儿的讲述，我不由得暗叹：小刘老师真行，她是在用激励的方式引导孩子奋发向上，有这样的好老师，孩子们的进步肯定快。

一朵小红花不值钱，但可以让女儿兴奋不已。对销售人员的激励其实也有类似的原理，只要有点特殊对待就可以起到同样的作用。例如，为销售冠军设一个固定的车位，旁边立一指示牌表明是本季度销售冠军专用，并且还紧挨着总经理的车位。设想一下，销售人员每停一次车就被激励一次，而且会想方设法在下一个季度继续保持这个车位。销售冠军有单独的办公室和大一点的办公桌，都会让其有被特殊对待的感觉。另外，提供成绩优秀者学习进修机会也是一种不错的激励方式。

每年欧莱雅会选送全球有领导潜力的高级管理经理到法国巴黎总部参加高层培训，欧莱雅人将被派往法国巴黎总部培训视为一种很大的荣誉。被选送到巴黎培训，只有表现最突出的经理人才能得到这样的学习机会。

五、让销售人员有归属感

最近，有一篇文章在“老板们”的微信朋友圈里疯传：一位本分又不爱出风头的员工，因为父亲的突然来访，鼓起勇气去请求老板：“以公司的名义请我父亲吃顿饭。”

毕业后，我进了这家外贸公司的行政部，每天的工作就是打杂，我努力做好本职工作，只想在这座城市站住脚。因为性格内向，不爱出风头，我常常在办公室里一整天也说不了几句话。

那天，父亲打来电话说要来住一段时间。其实，我知道父亲只不过是想来看看我生活得怎么样。我在这座城市没有朋友，怎么才能给父亲一个放心的理由呢？思前想后，我决定向老板求助。

那天，我一直在小心翼翼地观察着老板的动向，他肯定不认识我，我该怎么开口、他会不会答应我这个滑稽的请求，我无比忐忑，挨到下班才硬着头皮敲开了他的办公室的门。

看我进来，老板略有疑惑地问：“你是？”我无比尴尬，结结巴巴地表明身份。我停顿了很久，说："希望您能请我父亲吃顿饭，或者让公司负责人请我父亲吃顿饭，以公司的名义。"我鼓起好大的勇气，说了很多我和父亲的事，"父亲不放心我，总觉得我在外面会受委屈。其实我挺好的，工作稳定，也被领导和同事照顾着……"因为紧张，我的脸涨得更红了。怕他不同意，我又赶紧结结巴巴地补充："当然，饭钱我自己出……"

没等我说完，老板爽快地回应道："晚上一起吃饭，好吗?"我一愣，说："哪天都可以。"老板又说："那好，你休几天假，多带老人到处走走，我跟司机说一下，这几天外出就用公司的车。"我慌忙摆手："不用，真的不用，太感谢您了。"我不知道说什么好，就索性弯腰给他鞠了一躬。下班前，司机找到我，陪我一起到火车站接父亲，司机说了酒店名字，我很意外，那是一家非常豪华的酒店，我从没进去过。

那是一顿丰盛而温暖的晚餐，饭菜丰盛，老板带了好酒，公司中层都参加了，很多人都不认识我，平常仅限于见面点头。可在这顿饭中，他们都表现得和我很熟悉，夸我某个文案写得好，每天总是很早到单位。之后的两天，司机一大早就会来接我们，带我们逛了这座城市。

两天后，父亲放心地回去了。父亲走后，我准备好好向老板说声"谢谢"。可还没等我去找他，老板就召开了公司全体大会。会上，老板说谢谢我对他提出这个要求，让他知道了作为一个集体，公司不仅是工作的地方，也是每个人相互关心和爱护的大家庭。除了竞争，除了利润和发展，还应该有着寻常家庭的温暖，这才是一个好的集体，一个能永远朝前走的集体。说着，老板站起来，给所有员工深深鞠了一躬。

每个人都害怕孤独和寂寞，希望自己归属于某一个或多个群体，如有家庭、有工作单位，希望加入某个协会、某个团体，这样可以从中得到温暖，获得帮助和友爱，从而消除或减少孤独感和寂寞感。销售人员长年在外做业务，有的甚至离公司数千里之遥，与公司的联系本来就不多。也有的销售人员都是离乡背井来到大城市打拼，他们的心灵迫切需要找到港湾和温暖。公司内部任何的集体活动，例如年度销售大会、销售例会、集中培训、公司运动会等，都能满足销售人员归属的需求，从而达到激励员工加倍努力工作的目的。如同前面故事里那个小伙子，他一定会努力工作报答公司。

每年一次的年会和集中培训是销售人员的盛会，几乎每个销售人员都要喝的酩酊大醉，因为他们孤寂的时间太长了，要找一个机会释放一下。这样的年会也要邀请客户参加或与其他部门员工交流、沟通以增进部门之间的感情，还有各个区域之间销售人员的自由交流。当然，大会上一定会安排表彰仪式，会安排与总经理共进晚餐。这样的年会就是要告诉销售人员回家了，在这里能给销售人员家的温馨，然后他们将信心满满地又出发。

日常销售会议也是一个满足销售人员归属感的机会，同事见面很亲切。但当销售人员工作地点比较分散，甚至都无法保证每周一次的例会的时候，电话、视频会议、微信是一个经济有效的选择。销售经理的异地现场到访也能起到同样的作用。另外，组织不同区域销售人员相互出差、观摩交流，都能对销售人员有积极的激励作用。

定期有关个人和公司情况的简报，也都会唤起销售人员对企业的归属感，家里的消息怎么能不关心呢？简报可以刊登公司员工的生日、婴儿出生、员工结婚、退休等信息，或者刊登行业动态、客户、产品、销售状况、拿下的订单、销售竞赛等，让销售人员积极参与投稿和提供信息都是有效的激励手段。

作为销售经理，对销售人员要有真诚的关心。当销售人员结婚、孩子出生等喜事，包上礼包送上真诚的祝贺；当销售人员生病或家庭有困难，要表示真诚的同情，表明我们都是一个大家庭中的一员。这一切都能满足员工归属感的需求，让他们更愿意付出额外的努力。但也要避免对下属的个人生活介入太深，你毕竟不是心理医生。

海底捞有不少激励的创意，例如将发给先进员工的奖金直接寄给他的父母。海底捞的很多服务员都是经人介绍的，老乡、朋友、亲戚甚至是家人，这种招聘方式在很多人看来简直是匪夷所思。然而，海底捞创始人张勇认为：和亲戚、朋友一起工作自然会很开心，只有当员工对企业产生认同感和归属感，才会真正快乐地工作，用心地做事。

六、愉快的人际关系

与管理层及同事之间的良好人际关系是对销售人员正面的激励因素，并且增强他们的归属感。而不愉快的人际关系则是一种负面的影响力，将会降低一名销售人员的工作效率。据统计，员工80%的离职原因是人际交往问题，大部分又与直接上司有关。因此，作为销售经理除了注意在管理下属时避免简单粗暴外，还要注意营造愉快的团队合作的气氛，杜绝勾心斗角，使销售人员心情愉快地工作。在处理同事之间的冲突时，销售经理更应该公平公正，不偏袒任何一方。我认识一个朋友，是某企业的销售经理，但他跟其中一个下属走的很近，关系很好，当这个下属和另一个销售人员因为某个订单归谁而发生冲突时，我的那个朋友处理方式在那位销售人员看来就不够公正，最终那位销售人员一气之下离开了公司。

七、营造上升的空间

一个企业应当让员工看到职位上升的希望和路径，当管理干部都是外部招聘而不是内部提拔的时候，那么内部的员工要谋求发展只有一条路——跳槽。毕竟管理岗位是有限的，华为公司为营销人员设计了管理和专业双重职业发展通道，在营销专业任职资格标准中又分为产品线和客户线两大类，分别为销售工程师、客户（项目）经理、高级客户（项目）经理、主任高级客户（项目）经理、高级客户（产品）营销专家、资深客户（产品）营销专家，营销人员可以根据自身特点，设计切实可行的职业发展通道，并通过自身的努力逐步实现职业发展规划的目标。

有些销售管理者心胸狭窄，怕自己位置不稳，或者招聘水平一般但很听话的员工，或者对业绩超群的下属怀有戒心，打压、冷落。作为销售经理，应当帮助、鼓励下属不断攀登职业的高峰，不要怕他们超过自己，超过自己是你作为团队领导人在选择、指导、激励上的成功。也不要怕他们替代自己，当你帮助指导下属成长，你不再是团队不可缺少的人时，你自己的晋升机会也大大增加了。真正出色的管理者应该主动推荐自己的优秀下属走上管理岗位，这也是在帮助自己在企业中走得更稳、赢得更多。

如何帮助指导下属成长？可以先分配其一些小的管理工作，例如负责处理一次业务会议的细节（开会地点、会议室、发布开会通知、草拟议程、演讲）；学习新产品销售运作，再传授给其他销售人员；负责带新的销售人员，做他们的导师；列席销售会议；在你不在的时候，代理做一些较小的决定；让你的老板知道，称赞、安排见面、汇报工作。

八、工作保障

企业经营困难、业绩不佳、公司正在重组或被收购，或管理层不稳定，销售人员走马灯一样的频繁更换，在员工感觉连饭碗都保不住的情况下，任何激励都是空谈了。所以，公司的政策应当对员工有长期的职业规划，招聘销售人员要严格把关，但不要轻易地解雇员工。虽然销售工作是一份具有挑战性的工作，但不代表所有的员工可以接受在朝不保夕的企业工作。为了保证员工不被上述情况困扰，可采取所谓的降落伞计划，它是指公司通过章程规定，或与经营管理层签订合同：如果有控制权变更、经营管理层被解雇等情况发生，公司将向他们支付大笔赔偿金。

九、待遇与报酬

钱不是万能的，但没有钱是万万不能的。每个人都离不开一定的物质需求，这不仅是人们维持生存的基本条件，还是追求更高层次需求的前提。物质激励就是通过满足个人对金钱的欲望，来激发人们的积极性和创造性。金钱对销售人员是一种重要的激励工具，但不是万能的激励方式，对有些人来说，“重赏之下必有勇夫”这句话并不适用。

奖金要发给对公司做出贡献，尤其是突出贡献的人，奖金要用在刀刃上，若平均分配，奖金就失去了意义。每人都有奖金，只会把那些最有才能和创造力的销售人员送给竞争对手。另外，物质激励有边界递减效应，钱发多了人就变麻木了，就好像一个饿的饥肠辘辘的人拿到第一个肉包子的时候一定觉得美味无比，吃第二个肉包子的时候仍然会觉得很好吃，吃第三个肉包子的时候有点倒胃口但还能下咽，等吃到第四个肉包子的时候就有要吐的感觉了。

美国倍受尊敬的企业家，福特汽车公司创始人亨利·福特的愿景是：福特汽车的思想是要用最低的成本，制造小型、坚固、简单的汽车，并付给员工高工资。老福特认为，要付给每个员工足够高的工资，才能安居乐业，才会有工作自豪感。这是激发员工内在的工作热情，创造满意、热情、忠诚员工的基础和保证。高工资待遇也是公司人才素质的保障。

最近网上华为工资单曝光事件：在华为入职10年，绩效中等以上，职级16~17级，年薪税前50~100万元；职级18级以上，考评中等以上，年薪税前都超过100万元，数目有数千人；加上海外常驻人员外派补助，年薪税前超百万人数估计超万人。华为年入500万元的也有千人。根据华为的2015年年报，华为花在员工上的钱达1377亿元，17万员工，人均年收入超过 80 万元。真是让人羡慕啊！

高工资待遇也是公司人才素质的保障

第三节　最好的激励是自我激励

你想让马儿跑（满足组织需求），就要让马吃上草（满足个人需求）。但请注意：胡萝卜不能离的太远以至于马儿都看不到它，这样马儿干脆就不动了。好处太遥远，则无法发挥激励的作用，激励措施要及时兑现，否则也起不到激励的作用。例如本该发的奖金一拖再拖，等到手的时候还有什么感觉？

其实，要让马儿跑，又不给马儿吃草，还有第二个手段，就是用鞭子抽它。饲料是正激励而鞭子是负激励，正激励就是我们前面谈过的赞扬和认可、使感到受重视、有挑战的工作、特殊对待、使销售人员有归属感等；负激励包括忽视、批评、降薪、罚款、降级、停职、末尾淘汰、剥夺特权。一般来说，正激励的作用效果要好于负激励，用高压手段迫使员工达成组织目标可能会引起员工反弹，在驾校学车，很多人对教练没有好感，因为他们很少正面激励学员，他们喜欢讽刺、打击学员。只有在正激励全部用尽的情况下才考虑负激励的方法。

销售经理感到如果确实有必要批评下属，也要掌握以下几个原则：

（1）不要公开批评。实在要公开批评也最好不点名，尤其不要以书面形式批评同事。有的人认为上司要树立权威让下属乖乖服从，就应该大声呵斥令其和周围人心怀畏惧，这是完全错误的。最后通牒的方式："下个月再做不到就滚蛋"，销售人员接下来做什么，估计是另谋高就了。

（2）不要泛泛地批评。"你这个季度的业绩太差了，简直不是一般的差，小李跟你一起进的公司，看看人家……"出于自卫心理，面对批评的员工马上会做出抵抗。对主管来说，批评应有具体、客观的结果或事实支持，主管如果帮助下属分析绩效未达成的实际原因并给以辅导建议和帮助，员工是能接受主管的意见甚至批评的。

（3）不要人身攻击。"用点脑子好不好，见过蠢的人没见过你这么蠢的人"，批评要对事不对人，不应讨论员工的个人性格，性格特点本身没有优劣好坏之分，不应作为批评的依据。

（4）不要翻旧账。"小王，去年你有十次报告没交，还有十次报告迟交，都给你记着呢。"销售人员心里想：去年的事你还记着，真记仇。批评要及时，否则也不能起到及时纠正错误的目的。翻旧账容易伤感情，妻子老是用陈芝麻烂谷子的事情挤兑丈夫，夫妻感情能好吗？

除了批评外，其实忽视也是一种无声的语言，表明你对某人的批评态度。如果一个足球明星或篮球明星被他的教练忽视，也就是坐冷板凳，他的心情该如何？所以，忽视也是可以采用负激励的方式，对被忽视的人是一种无形的压力，但又不过分伤害对方的自尊心。

激励的本质就是以满足员工未被满足的需要为手段，促使员工满足组织的需要。但随着员工需求逐渐被满足，激励的效用就会慢慢衰减，这就需要加大刺激才能达到原先同样的效果。因此，有些企业只能不停地加工资，但问题是一味地增加工资又会使企业难以承受，员工也会渐渐“习惯”。于是只能通过提升职位、授予荣誉等措施激励员工，但这些方法同样会走到尽头。企业70%的岗位是不可能被年年晋升和年年加薪的，在同一岗位待久了，就容易产生岗位疲劳。你要是不加薪、不让他升官，他就会跳槽。正激励用的多了，所有的激励手段都用尽了，这时候正激励与负激励相结合有可能获得更理想的激励效果。

某IT公司原来每年年底都要多发三个月薪水作为奖金。但今年大环境不好，导致公司业绩大幅度滑坡，老板觉得再按往年发三个月薪水有点力不从心。但又怕不发奖金会引起员工不满，老板想了一个办法，先在公司放出风说公司经营困难，恐怕难以维持下去，要解雇20%的员工，顿时人心惶惶，不知如何是好。过了一个月，老板在全体员工的大会上慷慨激昂，说虽然现在市场不景气、公司经营遇到了困难，但我们只要上下一心、同心同德，一定会渡过难关，公司也保证绝不解雇任何一个员工，台下员工一片欢腾，纷纷表示要和公司共渡难关。当然，三个月的奖金是不会有人提了。到了年底，情况有所好转，老板多加了一个月薪水作为奖金，员工高高兴兴地回家过年了。

还有第三个方法是让马儿自觉向前跑，不需要吃草（正激励），更不需要鞭子（负激励）。你只需要让马感到口渴，这样它自己就会自动走到河边去喝水，让马口渴其实是一种自我激励。

英国社会学家理查德·提特姆斯曾提出：有偿采血非但不合道义，甚至成效低下。当你将血作为商品来采购的时候，血库存量反会下降。他的判断后来在瑞典的田野实验中被证实，几位经济学者在一个地区血站，对 153 名有意献血的妇女进行了分组实验，结果发现有偿采血的那一组，献血人数反倒锐减。显然，人们做这种事情，在很大程度上是出于一种内在的动力，出于对他人的关爱，这是一种自我激励而不是因为金钱。

稻盛和夫先生参照物质的燃烧性能分类，把人也分为“可燃型”“不燃型”和“自燃型”三种，并认为“要想成就某项事业，就必须成为热爱工作、能够自我燃烧的人”“在别人吩咐之前自发去做的积极主动的人”。同时，“自燃型”的人除了自动燃烧，还应该能够点燃别人，“勇于在漩涡中心工作”，积极影响周围的人，成为团队前进的发动机，乃至成为团队领袖。“可燃型”是指可以被点燃可以被激励的人；“不燃型”是指无法被点燃被激励的人；“自燃型”其实是不需要被外部激励的那些人，他们能够自我激励。

马云的 18 位“创业罗汉”在创业初期没有工资、不发奖金，首席财务官蔡崇信抛下一家投资公司年薪 75 万美元的副总裁职位，来领马云几百元的薪水。很多人都不理解，当初推销中国黄页的马云甚至还被很多人视为“骗子”，没有人激励他们，他们是被梦想驱动前进的人。做义工和志愿者是不需要用金钱激励的，驱动他们的是“奉献、友爱、互助、进步”的价值观。

一般人很难做到干一行爱一行，而爱一行干好一行却非常普遍，这是因为内心的驱动和自我激励具有强大的推动力。做销售是一件辛苦的事，所以要做销售最好喜欢它。只有喜欢才不会觉得累、觉得苦，喜欢是你的内心驱动力。一个渴望成功和出人头地的销售人员同样具有强大的内心驱动力。从偏远地区或农村出来的孩子，要在繁华的大城市立足，有改变自己命运的强烈愿望，对成功的渴望就是最大的自我激励。具备自我激励的销售人员不需要监督管理，也很少需要外部激励，他们会自发地向着设定的目标前进。这部分能够自我激励的销售人员很少能够后天培养，所以，你需要在招聘的时候发现那些隐藏在“冰山下”的动机和价值观。

“有几个小朋友喜欢在放学后到一位老先生的屋前玩足球，老先生很不喜欢他们玩球时的吵闹声，于是他想出一个不再让小朋友到他家屋前玩足球的方法。某天，当孩子们又在他家屋前玩球的时候，他把小朋友找过来，告诉他们以后每次玩球就给他们每人一元钱，小朋友们都很高兴地答应了。后来的几天，每当小朋友们来玩时，老先生都给他们每人一元钱。一周后，小朋友们又到他的屋前玩足球，但是老先生并没有给他们钱，于是他们便去找老先生评理：“为什么不给一元钱?”老人却说他改变主意了，从今以后不愿再给钱了。小朋友们就抗议：“假如你不给钱，以后我们就不到这里玩了。”就这样，老先生终于达到他的目的了。

这个故事告诉我们，孩子喜欢足球是自我内部激励，当用外部激励时反而有反作用。我的一个亲戚给城里的另一个亲戚做了一双布鞋，城里亲戚给了15元，我那位亲戚勃然大怒：你把我当什么人了，我给你送双布鞋，一针一线缝出来，难道图的是15元？因此，对这些自我驱动型的员工用外部激励非但没有作用，甚至还可能有反作用。

案例思考13：

以下哪种赞扬方式是正确的？

（1）表扬，同时指出还有哪些不足。

（2）广泛的表扬。

（3）先不表扬，在年终销售会议上由总经理郑重宣布。

（4）认真祝贺他所取得的成绩，让他讲述过程，与他分享、总结原因。

（5）在个别谈话中进行表扬。

案例思考14：

刘峰团队里有一个业绩不错的老销售人员，他进入公司的时间比刘峰还长，但一直没有晋升。最近刘峰发现他工作松懈、不思进取，而且有好几次不积极配合刘峰布置的工作，还经常和新销售人员发牢骚，说刘峰工作能力差、团队没什么前途，使很多新销售人员变得越来越消极。

你认为刘峰应该如何应对？

案例思考15：

有一个业务部门，由一位业务经理主管。这个部门有两个人业务做的最好，但是这两个人和其他同事关系不好。关系不好的原因是在其他同事看来这两个人不合群，还老抢他们的生意，致使他们的业绩不好。在这两个人看来，是别人不努力，妒忌他们。销售经理向老板建议把两个人赶走，以便部门和谐。

业务经理的做法对吗？如果你是业务经理，你会怎么处理？

附录　销售管理问答

（1）新经理上任第一天怎么做？

有人说，新官上任三把火。这其实有风险，因为当你刚从基层被提拔至领导岗位或由别处空降到此，根基是不稳的。团队内也许有人对你的提拔很不满，会对你权威发出挑战。先私下和每个下属谈话，针对每个人进行情况评估。在没有了解更多的信息前，少说、多看、多听，避免在短时间内做出重大改变，也不要公布新的复杂的报告程序，更不要谈薪水、奖金之类的敏感话题。改变是无可厚非的，但也不要让他们有改朝换代的感觉，应循序渐进，这样你的上司也会觉得你在掌控局面，而不是给他带来麻烦。

（2）如何处理与原有平级同事的关系？

内部提拔遇到的最大问题可能是如何处理原有与你平级同事的关系。有的人可能对你被提拔心怀不满甚至嫉恨，也有的与你关系不错的原来同事希望得到你的照顾。因此，你最好这样做：把以前的同辈的同事叫来谈谈，告诉他们你需要他们的帮助，请他们提出建议。同时一定要公平地对待每一个下属，不要指望还和以前一样和下属打成一片或与团队的某一同事保持密切的关系。尤其不要大张旗鼓地招人，这意味着你对目前团队的不信任。

（3）如何处理与其他部门的关系？

销售经理与客户外部沟通能力一般都被证实，但跨部门的内部沟通能力是一个挑战。尤其是销售经理，要能调动公司内外相关资源，实现跨部门、跨业务的团队协作；与内部同事建立良性的互动关系。在要求其他部门帮助时，提出要求有礼貌，不要每次的要求都是最紧急的。长此以往，其他部门会觉得都是“狼来了”，对特别要求务必指示明确，写备忘录。当其他部门为你解决了问题后，一定要打电话感谢他和他的上司。如果对方不合作或他的做法让你很气愤、想抱怨，最好48小时后待自己冷静后再做决定，且尽量与当事人沟通解决，也可以寻求你的上司的协调，最好不要上升到由他的上司或高层来解决。

（4）如何处理与上司的关系？

要与上司建立信任的关系，要让领导信任，你应当显示你的能力和忠诚。显示能力是不言而喻的，你能顺利地完成公司下达的目标，你的上司觉得交给你的任何工作都能搞定。不要把问题原封不动地交给上司解决，在职权范围内能解决尽量自己解决，实在解决不了也要提出解决方案，不要做二传手。显示忠诚就是要经常向领导报告，你越是邀请上司多参与你的工作，他越觉得你是可以被信任的。久而久之，上司就会对你说：“这些事情你不需要再告诉我了。”可见，你的工作方式越透明，上司就会给你越多的管理空间。一定不要背后说领导坏话、不要公开挑战领导，在私下说出你的不同意见，但上司如果坚持，你一定要坚决执行。

有关销售团队管理的其他问题，请读者关注微信公众号“B2B 销售微课堂”，共同参与探讨和讨论。

后 记

前面我跟大家讨论了销售管理的六个关键点：目标计划、人员招聘、培训指导、有效激励、监督管理、绩效面谈，当你把握成功销售管理的六个关键点，并运用根据这六个关键点建立的标准化模型、工具和方法来管理团队的时候，你也就实现了从超级销售到卓越管理者的转变。作为销售经理，责任不仅仅是上述六点，还有以下责任：

（1）负责区域内目标的达成工作。

（2）制定达成区域目标的策略与行动计划。

（3）选择、训练、指导、监控、激励下属。

（4）随时将区域内的业务状况向上司汇报。

（5）协调与公司内部跨部门的关系。

（6）积极救火，处理紧急事件。

（7）业务费用控制审核。

（8）传达、解释公司政策并为之辩护。

（9）在区域内代表公司处理对外事宜。

（10）接待来访的公司领导……

感谢你的阅读，最后我用彼得·德鲁克的名言结束本书：没有一个有效管理者是天生的，他们之所以有效只是由于在实践中学会了一些有效的管理习惯。

祝你成功！

推荐作者得新书！

博瑞森征稿启事

亲爱的读者朋友：

感谢您选择了博瑞森图书！希望您手中的这本书能给您带来实实在在的帮助！

博瑞森一直致力于发掘好作者、好内容，希望能把您最需要的思想、方法，一字一句地交到您手中，成为专业知识与管理实践的纽带和桥梁。

但是我们也知道，有很多深入企业一线、经验丰富、乐于分享的优秀专家，或者往来奔波没时间，或者缺少专业的写作指导和便捷的出版途径，只能茫然以待……

还有很多在竞争大潮中坚守的企业，有着异常宝贵的实践经验和独特的闪光点，但缺少专业的记录和整理者，无法让企业的经验和故事被更多的人了解、学习、参考……

这些都太遗憾了！

博瑞森非常希望能将这些埋藏的"宝藏"发掘出来，贡献给广大读者，让更多的人得到帮助。

所以，我们真心地邀请您，我们的老读者，帮助我们一起搜寻：

推荐作者。

可以是您自己或您的朋友，只要对本土管理有实践、有思考；可以是您通过网络、杂志、书籍或其他途径了解的某位专家，不管名气大小，只要他的思想和方法曾让您深受启发。

推荐企业。

可以是您自己所在的企业，或者是您熟悉的某家企业，其创业过程、运营经历、产品研发、机制创新，等等。无论企业大小，只要乐于分享、有值得借鉴书写之处。

总之，好内容就是一切！

博瑞森绝非"自费出书"，出版项目费用完全由我们承担。您推荐的作者或企业案例一经采用，我们会立刻向您赠送书币100元，可直接换取任何博瑞森图书的纸质版或电子版。

感谢您对本土管理的支持！感谢您对博瑞森图书的帮助！

推荐邮箱：bookgood@126.com　　推荐手机：13611149991

与主编加为好友：→ bookgood2000

博瑞森管理图书网：http://www.bracebook.com.cn/index.html

1120 本土管理实践与创新论坛

这是由 100 多位本土管理专家联合创立的企业管理实践学术交流组织，旨在孵化本土管理思想、促进企业管理实践、加强专家间交流与协作。

论坛每年集中力量办好两件大事：第一，"**出一本书**"，汇聚一年的思考和实践，把最原创、最前沿、最实战的内容集结成册，贡献给读者；第二，"**办一次会**"，每年 11 月 20 日本土管理专家们汇聚一堂，碰撞思想、研讨案例、交流切磋、回馈社会。

论坛理事名单（以年龄为序，以示传承之意）

首届常务理事：

彭志雄　曾　伟　施　炜　杨　涛　张学军　郭　晓
程绍珊　胡八一　王祥伍　李志华　陈立云　杨永华

理　　事：

卢根鑫　王铁仁　周荣辉　曾令同　陆和平　宋杼宸　张国祥　刘承元
曹子祥　宋新宇　吴越舟　吴　坚　戴欣明　仲昭川　刘春雄　刘祖轲
段继东　何　慕　秦国伟　贺兵一　张小虎　郭　剑　余晓雷　黄中强
朱玉童　沈　坤　阎立忠　张　进　丁兴良　朱仁健　薛宝峰　史贤龙
卢　强　史幼波　叶敦明　王明胤　陈　明　岑立聪　方　刚　何足奇
周　俊　杨　奕　孙行健　孙嘉晖　张东利　郭富才　叶　宁　何　屹
沈　奎　王　超　马宝琳　谭长春　夏惊鸣　张　博　李洪道　胡浪球
孙　波　唐江华　程　翔　刘红明　杨鸿贵　伯建新　高可为　李　蓓
王春强　孔祥云　贾同领　罗宏文　史立臣　李政权　余　盛　陈小龙
尚　锋　邢　雷　余伟辉　李小勇　全怀周　初勇钢　陈　锐　高继中
聂志新　黄　屹　沈　拓　徐伟泽　谭洪华　崔自三　王玉荣　蒋　军
侯军伟　黄润霖　金国华　吴　之　葛新红　周　剑　崔海鹏　柏　龑
唐道明　朱志明　曲宗恺　杜　忠　远　鸣　范月明　刘文新　赵晓萌
张　伟　韩　旭　韩友诚　熊亚柱　孙彩军　刘　雷　王庆云　李少星
俞士耀　丁　昀　黄　磊　罗晓慧　伏泓霖　梁小平　鄢圣安

企业案例·老板传记

	书名.作者	内容/特色	读者价值
企业案例·老板传记	**娃哈哈区域标杆:豫北市场营销实录** 罗宏文　赵晓萌　等著	本书从区域的角度来写娃哈哈河南分公司豫北市场是怎么进行区域市场营销,成为娃哈哈全国第一大市场、全国增量第一高市场的一些操作方法	参考性、指导性,一线真实资料
	像六个核桃一样:打造畅销品的36个简明法则 王　超　范　萍　著	本书分上下两篇:包括"六个核桃"的营销战略历程和36条畅销法则	知名企业的战略历程极具参考价值,36条法则提供操作方法
	六个核桃凭什么:从0过100亿 张学军　著	首部全面揭秘养元六个核桃裂变式成长的巨著	学习优秀企业的成长路径,了解其背后的理论体系
	借力咨询:德邦成长背后的秘密 官同良　王祥伍　著	讲述德邦是如何借助咨询公司的力量进行自身与发展的	来自德邦内部的第一线资料,真实、珍贵,令人受益匪浅
	解决方案营销实战案例 刘祖轲　著	用10个真案例讲明白什么是工业品的解决方案式营销,实战、实用	有干货、真正操作过的才能写得出来
	招招见销量的营销常识 刘文新　著	如何让每一个营销动作都直指销量	适合中小企业,看了就能用
	我们的营销真案例 联纵智达研究院　著	五芳斋粽子从区域到全国/诺贝尔瓷砖门店销量提升/利豪家具出口转内销/汤臣倍健的营销模式	选择的案例都很有代表性,实在、实操!
	中国营销战实录:令人拍案叫绝的营销真案例 联纵智达　著	51个案例,42家企业,38万字,18年,累计2000余人次参与……	最真实的营销案例,全是一线记录,开阔眼界
	双剑破局:沈坤营销策划案例集 沈　坤　著	双剑公司多年来的精选案例解析集,阐述了项目策划中每一个营销策略的诞生过程,策划角度和方法	一线真实案例,与众不同的策划角度令人拍案叫绝、受益匪浅
	宗:一位制造业企业家的思考 杨　涛　著	1993年创业,引领企业平稳发展20多年,分享独到的心得体会	难得的一本老板分享经验的书
	简单思考:AMT咨询创始人自述 孔祥云　著	著名咨询公司(AMT)的CEO创业历程中点点滴滴的经验与思考	每一位咨询人,每一位创业者和管理经营者,都值得一读
	边干边学做老板 黄中强　著	创业20多年的老板,有经验、能写、又愿意分享,这样的书很少	处处共鸣,帮助中小企业老板少走弯路
	三四线城市超市如何快速成长:解密甘雨亭 IBMG国际商业管理集团　著	国内外标杆企业的经验+本土实践量化数据+操作步骤、方法	通俗易懂,行业经验丰富,宝贵的行业量化数据,关键思路和步骤
	中国首家未来超市:解密安徽乐城 IBMG国际商业管理集团　著	本书深入挖掘了安徽乐城超市的试验案例,为零售企业未来的发展提供了一条可借鉴之路	通俗易懂,行业经验丰富,宝贵的行业量化数据,关键思路和步骤

互联网+

	书名.作者	内容/特色	读者价值
互联网+	**互联网时代的银行转型** 韩友诚　著	以大量案例形式为读者全面展示和分析了银行的互联网金融转型应对之道	结合本土银行转型发展案例的书籍
	正在发生的转型升级·实践 本土管理实践与创新论坛　著	企业在快速变革期所展现出的管理变革新成果、新方法、新案例	重点突出对于未来企业管理相关领域的趋势研判
	触发需求:互联网新营销样本·水产 何足奇　著	传统产业都在苦闷中挣扎前行,本书通过鲜活的案例告诉你如何以需求链整合供应链,从而把大家熟知的传统行业打碎了重构、重做一遍	全是干货,值得细读学习,并且作者的理论已经经过了他亲自操刀的实践检验,效果惊人,就在书中全景展示
	移动互联新玩法:未来商业的格局和趋势 史贤龙　著	传统商业、电商、移动互联,三个世界并存,这种新格局的玩法一定要懂	看清热点的本质,把握行业先机,一本书搞定移动互联网

续表

互联网+	**微商生意经：真实再现33个成功案例操作全程** 伏泓霖　罗晓慧　著	本书为33个真实案例，分享案例主人公在做微商过程中的经验教训	案例真实，有借鉴意义
	阿里巴巴实战运营——14招玩转诚信通 聂志新　著	本书主要介绍阿里巴巴诚信通的十四个基本推广操作，从而帮助使用诚信通的用户及企业更好地提升业绩	基本操作，很多可以边学边用，简单易学
	今后这样做品牌：移动互联时代的品牌营销策略 蒋　军　著	与移动互联紧密结合，告诉你老方法还能不能用，新方法怎么用	今后这样做品牌就对了
	互联网+"变"与"不变"：本土管理实践与创新论坛集萃．2016 本土管理实践与创新论坛　著	本土管理领域正在产生自己独特的理论和模式，尤其在移动互联时代，有很多新课题需要本土专家们一起研究	帮助读者拓宽眼界、突破思维
	创造增量市场：传统企业互联网转型之道 刘红明　著	传统企业需要用互联网思维去创造增量，而不是用电子商务去转移传统业务的存量	教你怎么在"互联网+"的海洋中创造实实在在的增量
	重生战略：移动互联网和大数据时代的转型法则 沈　拓　著	在移动互联网和大数据时代，传统企业转型如同生命体打算与再造，称之为"重生战略"	帮助企业认清移动互联网环境下的变化和应对之道
	画出公司的互联网进化路线图：用互联网思维重塑产品、客户和价值 李　蓓　著	18个问题帮助企业一步步梳理出互联网转型思路	思路清晰、案例丰富，非常有启发性
	7个转变，让公司3年胜出 李　蓓　著	消费者主权时代，企业该怎么办	这就是互联网思维，老板有能这样想，肯定倒不了
	跳出同质思维，从跟随到领先 郭　剑　著	66个精彩案例剖析，帮助老板突破行业长期思维惯性	做企业竟然有这么多玩法，开眼界

行业类：零售、白酒、食品/快消品、农业、医药、建材家居等

	书名．作者	内容/特色	读者价值
零售·超市·餐饮·服装·汽车	1. **总部有多强大，门店就能走多远** 2. **超市卖场定价策略与品类管理** 3. **连锁零售企业招聘与培训破解之道** 4. **中国首家未来超市：解密安徽乐城** 5. **三四线城市超市如何快速成长：解密甘雨亭** IBMG国际商业管理集团　著	国内外标杆企业的经验+本土实践量化数据+操作步骤、方法	通俗易懂，行业经验丰富，宝贵的行业量化数据，关键思路和步骤
	涨价也能卖到翻 村松达夫　【日】	提升客单价的15种实用、有效的方法	日本企业在这方面非常值得学习和借鉴
	移动互联时代的超市升级 联商网　著	深度解析超市转型升级重点	帮助零售企业把握全局、看清方向
	手把手教你做专业督导：专卖店、连锁店 熊亚柱　著	从督导的职能、作用，在工作中需要的专业技能、方法，都提供了详细的解读和训练办法，同时附有大量的表单工具	无论是店铺需要统一培训，还是个人想成为优秀的督导，有这一本就够了
	零售：把客流变成购买力 丁　昀　著	如何通过不断升级产品和体验式服务来经营客流	如何进行体验营销，国外的好经营，这方面有启发
	餐饮企业经营策略第一书 吴　坚　著	分别从产品、顾客、市场、盈利模式等几个方面，对现阶段餐饮企业的发展提出策略和思路	第一本专业的、高端的餐饮企业经营指导书
	赚不赚钱靠店长：从懂管理到会经营 孙彩军　著	通过生动的案例来进行剖析，注重门店管理细节方面的能力提升	帮助终端门店店长在管理门店的过程中实现经营思路的拓展与突破

续表

	汽车配件这样卖:汽车后市场销售秘诀100条 俞士耀　著	汽配销售业务员必读,手把手教授最实用的方法,轻松得来好业绩	快速上岗,专业实效,业绩无忧
耐消品	跟行业老手学经销商开发与管理:家电、耐消品、建材家居 黄润霖　著	全部来源于经销商管理的一线问题,作者用丰富的经验将每一个问题落实到最便捷快速的操作方法上去	书中每一个问题都是普通营销人亲口提出的,这些问题你也会遇到,作者进行的解答则精彩实用
白酒	变局下的白酒企业重构 杨永华　著	帮助白酒企业从产业视角看清趋势,找准位置,实现弯道超车的书	行业内企业要减少90%,自己在什么位置,怎么做,都清楚了
	1. 白酒营销的第一本书(升级版) 2. 白酒经销商的第一本书 唐江华　著	华泽集团湖南开口笑公司品牌部长,擅长酒类新品推广、新市场拓展	扎根一线,实战
	区域型白酒企业营销必胜法则 朱志明　著	为区域型白酒企业提供35条必胜法则,在竞争中赢销的葵花宝典	丰富的一线经验和深厚积累,实操实用
	10步成功运作白酒区域市场 朱志明　著	白酒区域操盘者必备,掌握区域市场运作的战略、战术、兵法	在区域市场的攻伐防守中运筹帷幄,立于不败之地
	酒业转型大时代:微酒精选2014－2015 微酒　主编	本书分为五个部分:当年大事件、那些酒业营销工具、微酒独立策划、业内大调查和十大经典案例	了解行业新动态、新观点,学习营销方法
快消品·食品	乳业营销第一书 侯军伟　著	对区域乳品企业生存发展关键性问题的梳理	唯一的区域乳业营销书,区域乳品企业一定要看
	食用油营销第一书 余　盛　著	10多年油脂企业工作经验,从行业到具体实操	食用油行业第一书,当之无愧
	中国茶叶营销第一书 柏　龑　著	如何跳出茶行业"大文化小产业"的困境,作者给出了自己的观察和思考	不是传统做茶的思路,而是现在商业做茶的思路
	调味品营销第一书 陈小龙　著	国内唯一一本调味品营销的书	唯一的调味品营销的书,调味品的从业者一定要看
	快消品营销人的第一本书:从入门到精通 刘　雷　伯建新　著	快消行业必读书,从入门到专业	深入细致,易学易懂
	变局下的快消品营销实战策略 杨永华　著	通胀了,成本增加,如何从被动应战变成主动的"系统战"	作者对快消品行业非常熟悉、非常实战
	快消品经销商如何快速做大 杨永华　著	本书完全从实战的角度,评述现象,解析误区,揭示原理,传授方法	为转型期的经销商提供了解决思路,指出了发展方向
	一位销售经理的工作心得 蒋　军　著	一线营销管理人员想提升业绩却无从下手时,可以看看这本书	一线的真实感悟
	快消品营销:一位销售经理的工作心得2 蒋　军　著	快消品、食品饮料营销的经验之谈,重点图书	来源与实战的精华总结
	快消品营销与渠道管理 谭长春　著	将快消品标杆企业渠道管理的经验和方法分享出来	可口可乐、华润的一些具体的渠道管理经验,实战
	成为优秀的快消品区域经理 伯建新　著	37个"怎么办"分析区域经理的工作关键点	可以作为区域经理的'速成催化器'
	销售轨迹:一位快消品营销总监的拼搏之路 秦国伟　著	本书讲述了一个普通销售员打拼成为跨国企业营销总监的真实奋斗历程	激励人心,给广大销售员以力量和鼓舞
	快消老手都在这样做:区域经理操盘锦囊 方刚　著	非常接地气,全是多年沉淀下来的干货,丰富的一线经验和实操方法不可多得	在市场摸爬滚打的"老油条",那些独家绝招妙招一般你问都是问不来的
	动销四维:全程辅导与新品上市 高继中　著	从产品、渠道、促销和新品上市详细讲解提高动销的具体方法,总结作者18年的快消品行业经验,方法实操	内容全面系统,方法实操

续表

农业	**中小农业企业品牌战法** 韩 旭 著	将中小农业企业品牌建设的方法，从理论讲到实践，具有指导性	全面把握品牌规划，传播推广，落地执行的具体措施
	农资营销实战全指导 张 博 著	农资如何向“深度营销”转型，从理论到实践进行系统剖析，经验资深	朴实、使用！不可多得的农资营销实战指导
	农产品营销第一书 胡浪球 著	从农业企业战略到市场开拓、营销、品牌、模式等	来源于实践中的思考，有启发
	变局下的农牧企业 9 大成长策略 彭志雄 著	食品安全、纵向延伸、横向联合、品牌建设……	唯一的农牧企业经营实操的书，农牧企业一定要看
医药	**新医改下的医药营销与团队管理** 史立臣 著	探讨新医改对医药行业的系列影响和医药团队管理	帮助理清思路，有一个框架
	医药营销与处方药学术推广 马宝琳 著	如何用医学策划把“平民产品”变成“明星产品”	有真货、讲真话的作者，堪称处方药营销的经典！
	新医改了，药店就要这样开 尚 锋 著	药店经营、管理、营销全攻略	有很强的实战性和可操作性
	电商来了，实体药店如何突围 尚 锋 著	电商崛起，药店该如何突围？本书从促销、会员服务、专业性、客单价等多重角度给出了指导方向	实战攻略，拿来就能用
	在中国，医药营销这样做：时代方略精选文集 段继东 主编	专注于医药营销咨询 15 年，将医药营销方法的精华文章合编，深入全面	可谓医药营销领域的顶尖著作，医药界读者的必读书
	OTC 医药代表药店销售 36 计 鄢圣安 著	以《三十六计》为线，写 OTC 医药代表向药店销售的一些技巧与策略	案例丰富，生动真实，实操性强
	OTC 医药代表药店开发与维护 鄢圣安 著	要做到一名专业的医药代表，需要做什么、准备什么、知识储备、操作技巧等	医药代表药店拜访的指导手册，手把手教你快速上手
	引爆药店成交率 1：店员导购实战 范月明 著	一本书解决药店导购所有难题	情景化、真实化、实战化
	引爆药店成交率 2：经营落地实战 范月明 著	最接地气的经营方法全指导	揭示了药店经营的几类关键问题
	医药企业转型升级战略 史立臣 著	药企转型升级有 5 大途径，并给出落地步骤及风险控制方法	实操性强，有作者个人经验总结及分析
建材家居	**建材家居营销实务** 程绍珊 杨鸿贵 主编	价值营销运用到建材家居，每一步都让客户增值	有自己的系统、实战
	建材家居门店销量提升 贾同领 著	店面选址、广告投放、推广助销、空间布局、生动展示、店面运营等	门店销量提升是一个系统工程，非常系统、实战
	10 步成为最棒的建材家居门店店长 徐伟泽 著	实际方法易学易用，让员工能够迅速成长，成为独当一面的好店长	只要坚持这样干，一定能成为好店长
	手把手帮建材家居导购业绩倍增：成为顶尖的门店店员 熊亚柱 著	生动的表现形式，让普通人也能成为优秀的导购员，让门店业绩长红	读着有趣，用着简单，一本在手、业绩无忧
	建材家居经销商实战 42 章经 王庆云 著	告诉经销商：老板怎么当、团队怎么带、生意怎么做	忠言逆耳，看着不舒服就对了，实战总结，用一招半式就值了
工业品	**销售是门专业活：B2B、工业品** 陆和平 著	销售流程就应该跟着客户的采购流程和关注点的变化向前推进，将一个完整的销售过程分成十个阶段，提供具体方法	销售不是请客吃饭拉关系，是个专业的活计！方法在手，走遍天下不愁
	解决方案营销实战案例 刘祖轲 著	用 10 个真案例讲明白什么是工业品的解决方案式营销，实战、实用	有干货、真正操作过的才能写得出来

续表

工业品	**变局下的工业品企业 7 大机遇** 叶敦明　著	产业链条的整合机会、盈利模式的复制机会、营销红利的机会、工业服务商转型机会……	工业品企业还可以这样做，思维大突破
	工业品市场部实战全指导 杜　忠　著	工业品市场部经理工作内容全指导	系统、全面、有理论、有方法，帮助工业品市场部经理更快提升专业能力
	工业品营销管理实务 李洪道　著	中国特色工业品营销体系的全面深化、工业品营销管理体系优化升级	工具更实战，案例更鲜活，内容更深化
	工业品企业如何做品牌 张东利　著	为工业品企业提供最全面的品牌建设思路	有策略、有方法、有思路、有工具
	丁兴良讲工业 4.0 丁兴良　著	没有枯燥的理论和说教，用朴实直白的语言告诉你工业 4.0 的全貌	工业 4.0 是什么？本书告诉你答案
	资深大客户经理：策略准，执行狠 叶敦明　著	从业务开发、发起攻势、关系培育、职业成长四个方面，详述了大客户营销的精髓	满满的全是干货
	一切为了订单：订单驱动下的工业品营销实战 唐道明　著	其实，所有的企业都在围绕着两个字在开展全部的经营和管理工作，那就是"订单"	开发订单、满足订单、扩大订单。本书全是实操方法，字字珠玑、句句干货，教你获得营销的胜利
金融	**交易心理分析** (美)马克・道格拉斯　著 刘真如　译	作者一语道破赢家的思考方式，并提供了具体的训练方法	不愧是投资心理的第一书，绝对经典
	精品银行管理之道 崔海鹏　何　屹　主编	中小银行转型的实战经验总结	中小银行的教材很多，实战类的书很少，可以看看
	支付战争 Eric M. Jackson　著 徐　彬　王　晓　译	PayPal 创业期营销官，亲身讲述 PayPal 从诞生到壮大到成功出售的整个历史	激烈、有趣的内幕商战故事！了解美国支付市场的风云巨变
房地产	**产业园区/产业地产规划、招商、运营实战** 阎立忠　著	目前中国第一本系统解读产业园区和产业地产建设运营的实战宝典	从认知、策划、招商到运营全面了解地产策划
	人文商业地产策划 戴欣明　著	城市与商业地产战略定位的关键是不可复制性，要发现独一无二的"味道"	突破千城一面的策划困局
	电影院的下一个黄金十年：开发・差异化・案例 李保煜　著	对目前电影院市场存大的问题及如何解决进行了探讨与解读	多角度了解电影院运营方式及代表性案例

经营类：企业如何赚钱，如何抓机会，如何突破，如何"开源"

	书名．作者	内容/特色	读者价值
抓方向	**让经营回归简单．升级版** 宋新宇　著	化繁为简抓住经营本质：战略、客户、产品、员工、成长	经典，做企业就这几个关键点！
	活系统：跟任正非学当老板 孙行健　尹　贤　著	以任正非的独到视角，教企业老板如何经营公司	看透公司经营本质，激活企业活力
	公司由小到大要过哪些坎 卢　强　著	老板手里的一张"企业成长路线图"	现在我在哪儿，未来还要走哪些路，都清楚了
	企业二次创业成功路线图 夏惊鸣　著	企业曾经抓住机会成功了，但下一步该怎么办？	企业怎样获得第二次成功，心里有个大框架了
	老板经理人双赢之道 陈　明　著	经理人怎养选平台、怎么开局，老板怎样选/育/用/留	老板生闷气，经理人牢骚大，这次知道该怎么办了
	简单思考：AMT 咨询创始人自述 孔祥云　著	著名咨询公司(AMT)的 CEO 创业历程中点点滴滴的经验与思考	每一位咨询人，每一位创业者和管理经营者，都值得一读
	企业文化的逻辑 王祥伍　黄健江　著	为什么企业绩效如此不同，解开绩效背后的文化密码	少有的深刻，有品质，读起来很流畅
	使命驱动企业成长 高可为　著	钱能让一个人今天努力，使命能让一群人长期努力	对于想做事业的人，'使命'是绕不过去的

思维突破	移动互联新玩法:未来商业的格局和趋势 史贤龙　著	传统商业、电商、移动互联,三个世界并存,这种新格局的玩法一定要懂	看清热点的本质,把握行业先机,一本书搞定移动互联网
	画出公司的互联网进化路线图:用互联网思维重塑产品、客户和价值 李　蓓　著	18个问题帮助企业一步步梳理出互联网转型思路	思路清晰、案例丰富,非常有启发性
	重生战略:移动互联网和大数据时代的转型法则 沈　拓　著	在移动互联网和大数据时代,传统企业转型如同生命体打算与再造,称之为"重生战略"	帮助企业认清移动互联网环境下的变化和应对之道
	创造增量市场:传统企业互联网转型之道 刘红明　著	传统企业需要用互联网思维去创造增量,而不是用电子商务去转移传统业务的存量	教你怎么在"互联网+"的海洋中创造实实在在的增量
	7个转变,让公司3年胜出 李　蓓　著	消费者主权时代,企业该怎么办	这就是互联网思维,老板有能这样想,肯定倒不了
	跳出同质思维,从跟随到领先 郭　剑　著	66个精彩案例剖析,帮助老板突破行业长期思维惯性	做企业竟然有这么多玩法,开眼界
	麻烦就是需求　难题就是商机 卢根鑫　著	如何借助客户的眼睛发现商机	什么是真商机,怎么判断、怎么抓,有借鉴
	互联网+"变"与"不变":本土管理实践与创新论坛集萃·2016 本土管理实践与创新论坛　著	加速本土管理思想的孕育诞生,促进本土管理创新成果更好地服务企业、贡献社会	各个作者本年度最新思想,帮助读者拓宽眼界、突破思维
财务	写给企业家的公司与家庭财务规划——从创业成功到富足退休 周荣辉　著	本书以企业的发展周期为主线,写各阶段企业与企业主家庭的财务规划	为读者处理人生各阶段企业与家庭的财务问题提供建议及方法,让家庭成员真正享受财富带来的益处
	互联网时代的成本观 程　翔　著	本书结合互联网时代提出了成本的多维观,揭示了多维组合成本的互联网精神和大数据特征,论述了其产生背景、实现思路和应用价值	在传统成本观下为盈利的业务,在新环境下也许就成为亏损业务。帮助管理者从新的角度来看待成本,进一步做好精益管理

管理类:效率如何提升,如何实现经营目标,如何"节流"

	书名.作者	内容/特色	读者价值
通用管理	1. 让管理回归简单.升级版 2. 让经营回归简单.升级版 3. 让用人回归简单 宋新宇　著	宋博士的"简单"三部曲,影响20万读者,非常经典	被读者热情地称作"中小企业的管理圣经"
	员工心理学超级漫画版 邢　雷　著	以漫画的形式深度剖析员工心理	帮助管理者更了解员工,从而更轻松地管理员工
	分股合心:股权激励这样做 段　磊　周　剑　著	通过丰富的案例,详细介绍了股权激励的知识和实行方法	内容丰富全面、易读易懂,了解股权激励,有这一本就够了
	边干边学做老板 黄中强　著	创业20多年的老板,有经验、能写、又愿意分享,这样的书很少	处处共鸣,帮助中小企业老板少走弯路
	中国式阿米巴落地实践之从交付到交易 胡八一　著	本书主要讲述阿米巴经营会计,"从交付到交易",这是成功实施了阿米巴的标志	阿米巴经营会计的工作是有逻辑关联的,一本书就能搞定
	阿米巴经营的中国模式 李志华　著	让员工从"要我干"到"我要干",价值量化出来	阿米巴在企业如何落地,明白思路了
	中国式阿米巴落地实践之激活组织 胡八一　著	重点讲解如何科学划分阿米巴单元,阐述划分的实操要领、思路、方法、技术与工具	最大限度减少"推行风险"和"摸索成本",利于公司成功搭建适合自身的个性化阿米巴经营体系
	欧博心法:好管理靠修行 曾　伟　著	用佛家的智慧,深刻剖析管理问题,见解独到	如果真的有'中国式管理',曾老师是其中标志性人物

续表

流程管理	1. 用流程解放管理者 2. 用流程解放管理者 2 张国祥　著	中小企业阅读的流程管理、企业规范化的书	通俗易懂,理论和实践的结合恰到好处
	跟我们学建流程体系 陈立云　著	畅销书《跟我们学做流程管理》系列,更实操,更细致,更深入	更多地分享实践,分享感悟,从实践总结出来的方法论
质量管理	五大质量工具详解及运用案例:APQP/FMEA/PPAP/MSA/SPC 谭洪华　著	对制造业必备的五大质量工具中每个文件的制作要求、注意事项、制作流程、成功案例等进行了解读	通俗易懂、简便易行,能真正实现学以致用
	1. ISO9001:2015 新版质量管理体系详解与案例文件汇编 2. ISO14001:2015 新版环境管理体系详解与案例文件汇编 谭洪华　著	紧密围绕 2015 新版,逐条详细解读,工具也可以直接套用,易学易上手	企业认证、内审必备
战略落地	重生——中国企业的战略转型 施　炜　著	从前瞻和适用的角度,对中国企业战略转型的方向、路径及策略性举措提出了一些概要性的建议和意见	对企业有战略指导意义
	公司大了怎么管:从靠英雄到靠组织 AMT 金国华　著	第一次详尽阐释中国快速成长型企业的特点、问题及解决之道	帮助快速成长型企业领导及管理团队理清思路,突破瓶颈
	低效会议怎么改:每年节省一半会议成本的秘密 AMT 王玉荣　著	教你如何系统规划公司的各级会议,一本工具书	教会你科学管理会议的办法
战略落地	年初订计划,年尾有结果:战略落地七步成诗 AMT 郭晓　著	7 个步骤教会你怎么让公司制定的战略转变为行动	系统规划,有效指导计划实现
人力资源	回归本源看绩效 孙　波　著	让绩效回顾"改进工具"的本源,真正为企业所用	确实是来源于实践的思考,有共鸣
	世界 500 强资深培训经理人教你做培训管理 陈　锐　著	从 7 大角度具体细致地讲解了培训管理的核心内容	专业、实用、接地气
	曹子祥教你做激励性薪酬设计 曹子祥　著	以激励性为指导,系统性地介绍了薪酬体系及关键岗位的薪酬设计模式	深入浅出,一本书学会薪酬设计
	曹子祥教你做绩效管理 曹子祥　著	复杂的理论通俗化,专业的知识简单化,企业绩效管理共性问题的解决方案	轻松掌握绩效管理
人力资源	把招聘做到极致 远　鸣　著	作为世界 500 强高级招聘经理,作者数十年招聘经验的总结分享	带来职场思考境界的提升和具体招聘方法的学习
	人才评价中心 . 超级漫画版 邢　雷　著	专业的主题,漫画的形式,只此一本	没想到一本专业的书,能写成这效果
	走出薪酬管理误区 全怀周　著	剖析薪酬管理的 8 大误区,真正发挥好枢纽作用	值得企业深读的实用教案
	集团化人力资源管理实践 李小勇　著	对搭建集团化的企业很有帮助,务实,实用	最大的亮点不是理论,而是结合实际的深入剖析
	我的人力资源咨询笔记 张　伟　著	管理咨询师的视角,思考企业的 HR 管理	通过咨询师的眼睛对比很多企业,有启发
	本土化人力资源管理 8 大思维 周　剑　著	成熟 HR 理论,在本土中小企业实践中的探索和思考	对企业的现实困境有真切体会,有启发

续表

企业文化	**HRBP 是这样炼成的之“菜鸟起飞”** 新　海　著	以小说的形式，具体解析 HRBP 的职责，应该如何操作，如何为业务服务	实践者的经验分享，内容实务具体，形式有趣
	华夏基石方法：企业文化落地本土实践 王祥伍　谭俊峰　著	十年积累、原创方法、一线资料，和盘托出	在文化落地方面真正有洞察，有实操价值的书
	企业文化的逻辑 王祥伍　著	为什么企业之间如此不同，解开绩效背后的文化密码	少有的深刻，有品质，读起来很流畅
	企业文化激活沟通 宋杼宸　安　琪　著	透过新任 HR 总经理的眼睛，揭示出沟通与企业文化的关系	有实际指导作用的文化落地读本
	在组织中绽放自我：从专业化到职业化 朱仁健　王祥伍　著	个人如何融入组织，组织如何助力个人成长	帮助企业员工快速认同并投入到组织中去，为企业发展贡献力量
	企业文化定位·落地一本通 王明胤　著	把高深枯燥的专业理论创建成一套系统化、实操化、简单化的企业文化缔造方法	对企业文化不了解，不会做？有这一本从概念到实操，就够了
生产管理	**高员工流失率下的精益生产** 余伟辉　著	中国的精益生产必须面对和解决高员工流失率问题	确实来源于本土的工厂车间，很务实
	车间人员管理那些事儿 岑立聪　著	车间人员管理中处理各种“疑难杂症”的经验和方法	基层车间管理者最闹心、头疼的事，‘打包’解决
	1. 欧博心法：好管理靠修行 **2. 欧博心法：好工厂这样管** 曾　伟　著	他是本土最大的制造业管理咨询机构创始人，他从 400 多个项目、上万家企业实践中锤炼出的欧博心法	中小制造型企业，一定会有很强的共鸣
生产管理	**欧博工厂案例 1：生产计划管控对话录** **欧博工厂案例 2：品质技术改善对话录** **欧博工厂案例 3：员工执行力提升对话录** 曾　伟　著	最典型的问题、最详尽的解析，工厂管理 9 大问题 27 个经典案例	没想到说得这么细，超出想象，案例很典型，照搬都可以了
	苦中得乐：管理者的第一堂必修课 曾　伟　编著	曾伟与师傅大愿法师的对话，佛学与管理实践的碰撞，管理禅的修行之道	用佛学最高智慧看透管理
	比日本工厂更高效 1：管理提升无极限 刘承元　著	指出制造型企业管理的六大积弊；颠覆流行的错误认知；掌握精益管理的精髓	每一个企业都有自己不同的问题，管理没有一剑封喉的秘笈，要从现场、现物、现实出发
	比日本工厂更高效 2：超强经营力 刘承元　著	企业要获得持续盈利，就要开源和节流，即实现销售最大化，费用最小化	掌握提升工厂效率的全新方法
	比日本工厂更高效 3：精益改善力的成功实践 刘承元　著	工厂全面改善系统有其独特的目的取向特征，着眼于企业经营体质（持续竞争力）的建设与提升	用持续改善力来飞速提升工厂的效率，高效率能够带来意想不到的高效益
	3A 顾问精益实践 1：IE 与效率提升 党新民　苏迎斌　蓝旭日　著	系统的阐述了 IE 技术的来龙去脉以及操作方法	使员工与企业持续获利
	3A 顾问精益实践 2：JIT 与精益改善 肖志军　党新民　著	只在需要的时候，按需要的量，生产所需的产品	提升工厂效率

续表

员工素质提升	**手把手教你做专业督导:专卖店、连锁店** 熊亚柱　著	从督导的职能、作用,在工作中需要的专业技能、方法,都提供了详细的解读和训练办法,同时附有大量的表单工具	无论是店铺需要统一培训,还是个人想成为优秀的督导,有这一本就够了
	跟老板"偷师"学创业 吴江萍　余晓雷　著	边学边干,边观察边成长,你也可以当老板	不同于其他类型的创业书,让你在工作中积累创业经验,一举成功
	销售轨迹:一位快消品营销总监的拼搏之路 秦国伟　著	本书讲述了一个普通销售员打拼成为跨国企业营销总监的真实奋斗历程	激励人心,给广大销售员以力量和鼓舞
	在组织中绽放自我:从专业化到职业化 朱仁健　王祥伍　著	个人如何融入组织,组织如何助力个人成长	帮助企业员工快速认同并投入到组织中去,为企业发展贡献力量
	企业员工弟子规:用心做小事,成就大事业 贾同领　著	从传统文化《弟子规》中学习企业中为人处事的办法,从自身做起	点滴小事,修养自身,从自身的改善得到事业的提升
	手把手教你做顶尖企业内训师:TTT 培训师宝典 熊亚柱　著	从课程研发到现场把控、个人提升都有涉及,易读易懂,内容丰富全面	想要做企业内训师的员工有福了,本书教你如何抓住关键,从入门到精通

营销类:把客户需求融入企业各环节,提供"客户认为"有价值的东西

	书名.作者	内容/特色	读者价值
营销模式	**动销操盘:节奏掌控与社群时代新战法** 朱志明　著	在社群时代把握好产品生产销售的节奏,解析动销的症结,寻找动销的规律与方法	都是易读易懂的干货!对动销方法的全面解析和操盘
	变局下的营销模式升级 程绍珊　叶　宁　著	客户驱动模式、技术驱动模式、资源驱动模式	很多行业的营销模式被颠覆,调整的思路有了!
	卖轮子 科克斯【美】	小说版的营销学!营销理念巧妙贯穿其中,贵在既有趣,又有深度	经典、有趣!一个故事读懂营销精髓
	弱势品牌如何做营销 李政权　著	中小企业虽有品牌但没名气,营销照样能做的有声有色	没有丰富的实操经验,写不出这么具体、详实的案例和步骤,很有启发
营销模式	**老板如何管营销** 史贤龙　著	高段位营销 16 招,好学好用	老板能看,营销人也能看
	动销:产品是如何畅销起来的 吴江萍　余晓雷　著	真真切切告诉你,产品究竟怎么才能卖出去	击中痛点,提供方法,你值得拥有
销售	**资深大客户经理:策略准,执行狠** 叶敦明　著	从业务开发、发起攻势、关系培育、职业成长四个方面,详述了大客户营销的精髓	满满的全是干货
	成为资深的销售经理:B2B、工业品 陆和平　著	围绕"销售管理的六个关键控制点"一一展开,提供销售管理的专业、高效方法	方法和技术接地气,拿来就用,从销售员成长为经理不再犯难
	销售是门专业活:B2B、工业品 陆和平　著	销售流程就应该跟着客户的采购流程和关注点的变化向前推进,将一个完整的销售过程分成十个阶段,提供具体方法	销售不是请客吃饭拉关系,是个专业的活计!方法在手,走遍天下不愁
	向高层销售:与决策者有效打交道 贺兵一　著	一套完整有效的销售策略	有工具,有方法,有案例,通俗易懂
	卖轮子 科克斯　【美】	小说版的营销学!营销理念巧妙贯穿其中,贵在既有趣,又有深度	经典、有趣!一个故事读懂营销精髓
	学话术　卖产品 张小虎　著	分析常见的顾客异议,将优秀的话术模块化	让普通导购员也能成为销售精英

续表

组织和团队	**升级你的营销组织** 程绍珊　吴越舟　著	用"有机性"的营销组织替代"营销能人",营销团队变成"铁营盘"	营销队伍最难管,程老师不愧是营销第1操盘手,步骤方法都很成熟
	用数字解放营销人 黄润霖　著	通过量化帮助营销人员提高工作效率	作者很用心,很好的常备工具书
	成为优秀的快消品区域经理 伯建新　著	37个"怎么办"分析区域经理的工作关键点	可以作为区域经理的'速成催化器'
	一位销售经理的工作心得 蒋　军　著	一线营销管理人员想提升业绩却无从下手时,可以看看这本书	一线的真实感悟
	快消品营销:一位销售经理的工作心得2 蒋　军　著	快消品、食品饮料营销的经验之谈,重点突出	来源于实战的精华总结
	销售轨迹:一位快消品营销总监的拼搏之路 秦国伟　著	本书讲述了一个普通销售员打拼成为跨国企业营销总监的真实奋斗历程	激励人心,给广大销售员以力量和鼓舞
组织和团队	**用营销计划锁定胜局:用数字解放营销人2** 黄润霖　著	全方位教你怎么做好营销计划,好学好用真简单	照搬套用就行,做营销计划再也不头痛
	快消品营销人的第一本书:从入门到精通 刘　雷　伯建新　著	快消行业必读书,从入门到专业	深入细致,易学易懂
产品	**产品炼金术Ⅰ:如何打造畅销产品** 史贤龙　著	满足不同阶段、不同体量、不同行业企业对产品的完整需求	必须具备的思维和方法,避免在产品问题上走弯路
	产品炼金术Ⅱ:如何用产品驱动企业成长 史贤龙　著	做好产品、关注产品的品质,就是企业成功的第一步	必须具备的思维和方法,避免在产品问题上走弯路
	新产品开发管理,就用IPD 郭富才　著	10年IPD研发管理咨询总结,国内首部IPD专业著作	一本书掌握IPD管理精髓
品牌	**中小企业如何建品牌** 梁小平　著	中小企业建品牌的入门读本,通俗、易懂	对建品牌有了一个整体框架
	采纳方法:破解本土营销8大难题 朱玉童　编著	全面、系统、案例丰富、图文并茂	希望在品牌营销方面有所突破的人,应该看看
	中国品牌营销十三战法 朱玉童　编著	采纳20年来的品牌策划方法,同时配有大量的案例	众包方式写作,丰富案例给人启发,极具价值
	今后这样做品牌:移动互联时代的品牌营销策略 蒋军　著	与移动互联紧密结合,告诉你老方法还能不能用,新方法怎么用	今后这样做品牌就对了
	中小企业如何打造区域强势品牌 吴之　著	帮助区域的中小企业打造自身品牌,如何在强壮自身的基础上往外拓展	梳理误区,系统思考品牌问题,切实符合中小区域品牌的自身特点进行阐述
渠道通路	**快消品营销与渠道管理** 谭长春　著	将快消品标杆企业渠道管理的经验和方法分享出来	可口可乐、华润的一些具体的渠道管理经验,实战
	传统行业如何用网络拿订单 张　进　著	给老板看的第一本网络营销书	适合不懂网络技术的经营决策者看
	采纳方法:化解渠道冲突 朱玉童　编著	系统剖析渠道冲突,21个渠道冲突案例、情景式讲解,37篇讲义	系统、全面
	学话术　卖产品 张小虎　著	分析常见的顾客异议,将优秀的话术模块化	让普通导购员也能成为销售精英
	向高层销售:与决策者有效打交道 贺兵一　著	一套完整有效的销售策略	有工具,有方法,有案例,通俗易懂

续表

	通路精耕操作全解：快消品20年实战精华 周　俊　陈小龙　著	通路精耕的详细全解，每一步的具体操作方法和表单全部无保留提供	康师傅二十年的经验和精华，实践证明的最有效方法，教你如何主宰通路

管理者读的文史哲・生活

	书名．作者	内容/特色	读者价值
思想・文化	**每个中国人身上的春秋基因** 史贤龙　著	春秋368年（公元前770－公元前403年），每一个中国人都可以在这段时期的历史中找到自己的祖先，看到真实发生的事件，同时也看到自己	长情商、识人心
	内功太极拳训练教程 王铁仁　编著	杨式（内功）太极拳（俗称老六路）的详细介绍及具体修炼方法，身心的一次升华	书中含有大量图解并有相关视频供读者同步学习
	中医治心脏病 马宝琳　著	引用众多真实案例，客观真实地讲述了中西医对于心脏病的认识及治疗方法	看完这本书，能为您节约10万元医药费
	易经系辞大义 史幼波　著	结合人类社会的各种现象和人与人之间的复杂关系，系统阐述了《系辞》中蕴含的丰富思想	轻松掌握传统智慧精髓，从而达到修身养性的目的
	史幼波中庸讲记（上下册） 史幼波　著	全面、深入浅出地揭示儒家中庸文化的真谛	儒释道三家思想融汇贯通
	史幼波心经讲记（上下册） 史幼波　著	句句精讲，句句透彻，佛法经典的多角度阐释	通俗易懂，将深刻的教理以浅显的语言讲出来
	史幼波大学讲记 史幼波　著	用儒释道的观点阐释大学的深刻思想	一本书读懂传统文化经典
	史幼波《周子通书》《太极图说》讲记 史幼波　著	把形而上的宇宙、天地，与形而下的社会、人生、经济、文化等融合在一起	将儒家的一整套学修系统融合起来